Rolf Friedrich Schuett

Erfolgloses *kann*, Erfolgreiches *muss* Mist sein

Sozial gerecht oder nur sozialgerecht?

Rolf Friedrich Schuett

Erfolgloses *kann*, Erfolgreiches *muss* Mist sein

Sozial gerecht oder nur sozialgerecht?

Books on Demand

Bibliographische Information Der Deutschen Bibliothek:
Die Deutsche Bibliothek verzeichnet diese Publikation
in der Deutschen Nationalbibliographie; detaillierte
bibliographische Daten sind im Internet abrufbar über
http:// dnb.ddb.de

Herstellung und Verlag :
BoD – Books on Demand, Norderstedt

Gedruckt auf alterungsbeständigem Papier
(holz- und säurefrei)

Umschlaggestaltung : E. L. Schmidt

Printed in Germany

ISBN 978-3-7494-6720-4

INHALT

Für Elke, Rita und Maike

„ C a r p e d i e m "

… Quintus Horatius Flaccus („Liber I", 23 v. Chr.) *Horaz* schrieb in einer sehr gängigen Übersetzung: „Genieße den Tag und vertraue möglichst wenig auf den folgenden."

Der biblische *Psalmist* warnte sekundierend: „Wir verbringen unser Leben wie ein Geschwätz."

„Pflücke den Tag!" : Aber warum eine Blüte pflücken, statt die Blume lieber ungepflückt zu bewundern? Der Bürger übersetzt auch lieber als Devise: „Nutz den Tag", also lass keine einzige Minute ungenutzt verstreichen, press aus jedem Augenblick das Maximale und Optimale heraus! Triumphiert dieses bourgeoise Rentabilitätsdenken schon beim römischen Dichter Horaz (und nicht schon bei den gerne nachgeahmten Griechen)? Selbst unnützes Feierabend-Allotria dient und nutzt dann noch der Regeneration von Genuss- und Leistungsfähigkeit des nächsten Werktages.

Das sprichwörtlich gewordene *dictum* des Horaz riet aber gar nicht zur panischen Genussoptimierung, sondern gut epikureisch zu einem möglichst einfachen und ungestört zurückgezogenen „Leben im Verborgenen", zu einer Sinekure fern von lauter gesellschaftlicher Geschäftigkeit. Jeden Tag "gelehrte Muße" auf seinem von Maecenas geschenkten Landgut *Sabinum*.

Der Besitzbürger hingegen nutzt die knappe Lebenszeit zu akkumuliertem Hochleistungsstress und Spaßkapital. Er schielt auf Nutzeffekte selbst überflüssigster Dinge, um seinen Lebensüberfluss und Lebensüberdruss zu mehren. Will sagen : „Was du heute kannst besorgen, das verschiebe nicht auf morgen" − und andere ebenso nichtswürdige Weisheiten. 1897 parodierte *Christian Morgenstern* das zu „Horatius transvestitus" : „Heut ist heut! Küssen Sie mich, m´amie! Nach uns die Sintflut!"

Nach dem fürchterlichen Dreißigjährigen Krieg kam das „vanitas vanitatum vanitas" des Barock. „Memento mori!" und der biblische *Koheleth* : „Es ist alles eitel!" Verspielt das heidnisch hedonistische *"Carpe diem"* nur das ewige Leben oder umgekehrt der Glaube an die unsterbliche Seele nur den (all)täglichen Sinnengenuss? „Folge dem schönen

Morgen und vergiss deine Sorgen!" Hol aus dem Heute raus, was du kannst, wer weiß, ob es ein Morgen und Übermorgen noch geben wird.

Opfert eurer Gegenwart eure Zukunft
und sogar die Zukunft eurer Enkel?

Versäumt und verpasst bloß nichts, verschiebt keine Gelegenheit, die sich bietet, auf eine ungewisse Zukunft, denn das Glück ist flüchtig. Was du heute nicht erlebst, ist morgen vielleicht nicht mehr nachzuholen und zu haben auf dem freien Markt. Auch der günstige *Kairos* der Weltbörsen ist launisch wie die *Fortuna*. Nutz also die ebenso unkontrollierbare wie unmanipulierbare Gunst der Stunde!

„Nutz den Tag!". Warum nicht die Woche oder das Jahr, warum nicht die Minute? Bei der Sekunde wird die Absurdität klarer. Punktualisierte Lust im Klimaxhöhepunkt hebt sich selber auf. Nicht nur *post amorem omne animal triste*. Die meisten subtileren Genüsse (ver)brauchen Zeit, zeitraubende Vorbereitungen, Entfaltungen, luststeigernd einkomponierte Retardierungen, gekonnte Ausklänge. Je nachdem, was einer vorhat, hat jeder gepflückte „Tag" eine andere sinnvolle Länge, oft weit über ihn hinaus. Hier und Jetzt-gleich oder aufschiebende Vorsorge fürs Morgen oder Bessere?

Der griechische Arzt (und Uraphoristiker) *Hippokrates* wusste : „Vita brevis, ars longa" („Das Leben ist kurz, die Kunst ist lang"). Jeder kann in seiner kurzen Lebenszeit nur seinen kleinen Beitrag leisten zu einer weit über ihn hinausreichenden Geschichte der Wissenschaften und Künste. Und sein Bestes geben an Genussfähigkeit (als Prämie auf sein Leistungsvermögen) kann ein jeder auch nur während einer kurzen Spanne seines ohnehin so kurzen Lebens. Kinder und Greise sind ja zu tieferen und oft erst mühsam zu verschaffenden Lebensgenüssen noch gar nicht oder schon nicht mehr recht in der Lage.

Jugendliche riefen gern das Wort des Jahres 2012: „YOLO" („You only live once").

Karl Kraus hatte das schon ein Jahrhundert früher korrigiert : „Man lebt nicht einmal *einmal*."

Gilbert Chesterton, „einer der gescheitesten Menschen, die je gelebt haben" *(Ernst Bloch),* widersprach dieser „verkrampften Jagd auf rare Lustbarkeiten". „Es ist die Religion des *carpe diem;* aber das ist die Religion nicht des glücklichen, sondern höchst unglücklichen Menschen." („Heretics" / „Ketzer", 1905). Das Leben sei viel zu grandios, um es mit möglichst vielen Genüssen zu verplempern. Das Mittelalter sei von so überschäumender Lebensfreude erfüllt gewesen, dass es die Menschen zur Mäßigung anhalten musste, um ihrer Selbstzerstörung zu wehren, schrieb Chesterton. Heute sei die säkularisierte Spaßgesellschaft umgekehrt so lendenlahm, dass sie Tag und Nacht zu Sinnengenuss und Lebensfreude ermuntert, getrieben und aufgereizt werden müsse.

"Tagespflücker" ist ein Künstlerberuf, der trainiert sein will, und kein Experte für prompten Mordsgaudi und Heidenspaß auf der Stelle und auf die Schnelle. Das *Carpe diem* hat seine eigene paradoxe Dialektik. Horaz empfahl damit nur, in jedem Moment bescheiden das Rechte zu tun, um ein ruhiges Leben führen zu können und Erkenntnisse zu sammeln.

Die Moderne versteht darunter eher das ziemliche Gegenteil, also ein Leben, möglichst in Saus und Braus auf den Kopf gehauen. Das aber können dumme Neureiche besser als arme Geistreiche. Versprochen wird Lebensverlängerung nicht nur durch Sport, Diät und Medizin, sondern auch durch fortwährend optimierte Momentausbeutung − angelegt schon beim römischen Stoiker *Seneca*, dem Lehrer des lustversessenen Diktators Nero.

Doch wer mehr vom Leben hatte, dem hat der sichere Verfall und Tod auch mehr zu rauben - oder Altersdemenz sogar alle genussreiche Erinnerung ans Genossene.

Der materialistische Philosoph *Ernst Bloch* raunte vom „Dunkel des gelebten Augenblicks", in dem sich etwas verstecke, was erst durch Zukunftsentwurf erhellt werden kann, um es als (immer vergangenes) Glück heute erinnern zu können. Und für Existenzialist *Sartre* pflücken und ernten sogar erst langfristige Zukunftspläne, was uns im gewärtigen Augenblick überhaupt blühen könne. Marxist Sartre opferte wie Bloch das widerwärtig Gegenwärtige philosophisch einer ebenso ungewissen wie besseren Zukunft, also einer künftigen Allgemeinheit den egoistisch individuellen Momentangenuss ....

„Nutz den Tag" − aber wofür? Ein erfülltes Leben nutzt jeden geschenkten Lebenstag für ein gottähnlich geistiges Leben, rieten die Weisen aller Zeiten. „Lieber ein unglücklicher Sokrates als ein glückliches Schwein."

Das Gegenteil ist nicht der unmittelbare Sinnengenuss von lebenskulinarischen Nutzniessern, sondern: Nutz den Tag zur passionierten Nichtsnutzigkeit! Ich bin zu faul, das Lob der täglichen Faulheit zu singen.

Die reifste Frucht aber pflückt, wer jeden Tag einer gnadenlosen Disziplin unterwirft, um Werke zu vollbringen, die weder an einem Tag noch in zehn Tagen zu schaffen sind, Werke, die jeden Tag sich packen und mit Etappenaufgaben vollpacken und dem nächsten Tag zum Fraß hinwerfen, um ein Tier zu mästen, das möglichst noch in hundert Jahren Geister nähren und entzücken kann, Werke, die nur in der Fron von Jahren entstehen können und die jeden Tag wie ein prächtiges Raubtier sein nahrhaftes Opfer genießerisch verschlingen. Das sind vor allem Kunstwerke des Geistes. Aristoteles stellte im zehnten Buch seiner „Nikomachischen Ethik" schon vor 2300 Jahren den „bíos theoretikós" des reinen Kosmosbetrachters, also die gottebenbildliche *vita contemplativa,* über jede *vita activa,* welche nur Gottes Schöpfung verschlimmbessere. Das beschauliche Leben des reinen Theoretikers aber fürchtet fast jeder wie die ewige Langeweile des Paradieses heute, obwohl es das *Carpe diem* idealiter befolgt.

Der Ewige und Sein Urprojekt

Dass das "Wort Gottes" ursprünglich auf auserwählt Hebräisch erscheint, ist von höchster Bedeutung und müsste besonders beachtet werden. Daran entzündet sich alle seitherige Kritik am "Volk des Buches".

Ich soll mir ausdrücklich kein Bild vom Ewigen machen, weil es mir nur ähnlich sieht und dann nur zwischen uns steht. Auf die Frage nach Seinem Namen antwortet der "Herr der Heerscharen" allerdings selber : Man soll Ihn nennen "Ich bin (da)" oder "Ich bin, der ich (immer dabei gewesen) bin" oder "Ich bin, der ich (bei euch) sein werde".

Die biblische Theorie nennt die für uns wichtigen Naturgesetze und ihre praktischen Konsequenzen: die Sittengesetze der Moral, um uns einen vernünftigen und realistischen Umgang mit der Welt zu verschaffen. Die "heiligen" (nicht eigenmächtig zu verändernden) Schriften geben eine Art von Gebrauchsanweisung für Sein universales Produkt, so etwas wie eine praktische Bedienungsanleitung Seiner Schöpfung für uns. Es sind Seine "guten Tipps"

an uns zum sachgerechten Umgang mit dem geschenkten Leben : Kompetente Empfehlungen direkt
vom Hersteller, der es ja schließlich wissen muss.
(Siehe etwa Seine fundierten Ernährungstipps.)

Und man tut gut daran, das Kleingedruckte rechtzei-
tig zu beherzigen, wenn man Freude am erworbenen
Erzeugnis haben will, das einem ja nicht um die
Ohren fliegen soll. Entweder lässt man es sich also
vom Sachverständigen gesagt sein, der alle Fabrik-
geheimnissse kennt, oder muss sich selbst durch
langes *trial and error* erst beliebig viele Beulen
holen und durch mühsamen Schaden klug werden.
Man hat die freie Wahl. Und der Ewige ist ein
strenger Wanderlehrer : Menschliche Verletzungen
Seiner objektiven Naturgesetze strafen und rächen
sich selbst. Dazu braucht es keine Hiebe von oben,
nur fürsorgliche Warnungen eines wirklich Erwach-
senen an seine unwissenden Menschenkinder vor
den Folgen von „freien" Naturgesetzverstößen.

Dann kann der Ewige selber aber nicht die bloße
Summe der Naturgesetze des Alls sein, sondern nur
der **Naturgesetzgeber** dahinter. ER stellt sich als
Weltschöpfer *(Pancreator)* vor. Der Schöpfer kann
aber nicht mit seiner Schöpfung zusammenfallen,
wie ja auch ein Künstler nur in metaphorischem

Sinn mit seinem Werk eins ist : Eine Sache der Sprachlogik. Der Produzent "ist" nicht sein Produkt, sonst landen wir z.B. bei Spinoza mit seinem pantheistischen "Deus sive Natura naturans". Diese Lehre wird von allen drei Monotheismen aus gutem Grund eher skeptisch gesehen. Kurz : Der "Pankreator" muss zu seinem Werk "transzendent" sein und es "unendlich übersteigen", um es auch nur erschaffen zu können.

Der Gottesbegriff eines *Naturgesetzgebers* ist sogar kompatibel mit Kants "praktischer Vernunft" und seiner moralphilosophischen Deutung der biblischen Religion. Kant formuliert in seiner "Grundlegung zur Metaphysik der Sitten" den "kategorischen Imperativ" um : "Handle so, als ob die Maxime deiner Handlung durch deinen Willen zum *allgemeinen Naturgesetze* werden sollte." (Stuttgart 1978, S. 68). „Subjektives Prinzip" von „Maximen der Freiheit, als ob sie Gesetze der Natur wären" (a. a. O. S. 126) − „einer Naturordnung ähnlichen Gesetzmäßigkeit unserer Handlungen" (a. a. O., S. 82).

Im "Kanon der reinen Vernunft" von Kants transzendentaler Systemarchitektur stehen alle Einzelwissenschaften noch unter der "regulativen Gottesidee" vom Ganzen des Seienden und seiner Erkenntnis. Davon kann bei der modernen *Scientific Community* nicht mehr die Rede sein, ganz im Gegenteil. Kants Wissenschaftsideal einer durchmathematisierten Naturwissenschaft hat die technisch-industrielle Naturmanipulation seither so weit vorangetrieben, dass sie selbst Kants "praktische Vernunft"" unter sich begrub, von Kants "Religion innerhalb der Grenzen der bloßen Vernunft" ganz zu schweigen, wo die Moralvernunft noch vom geschriebenen Gesetz des Einen Gottes gestützt wurde. Kant sah "ein ethisches Gemeinwesen als ein Volk unter göttlichen Geboten, d. i. als ein Volk Gottes .." (Stuttgart 1974, S. 128)

Heute abstrahieren reduktionistische Wissenschaftsprozeduren positivistisch von allen vermeintlich nur subjektiven Ambivalenzen, Atmosphären und Paradoxien ihrer methodisch zugerichteten und kastrierten Objekte, sodass oft das Wichtigste daran unter den Tisch fällt, wie die "Kritische Theorie" Adornos unverlierbar gezeigt.

Das "nachmetaphysische Zeitalter" war vielleicht voreilig, als es Metaphysik durch kommunikative Metasprachen ersetzte. *Metaphysica specialis* 2020: Gott und die Welt und die Seele : Monotheismus, Naturwissenschaft und Psychoanalyse ?

Vielleicht liegt den Blaupausen des Weltbauplans, konzipiert in "sechs" Arbeitstagen, ja eine Höhere Mathematik zu Grunde. Ob Er uns aber jemals in diese Spiel- und Sternkarten naturwissenschaftlich gucken lässt? Zur Lebenspraxis des gewöhnlichen Sterblichen ist das allerdings nicht notwendig, deshalb wohl steht auch nichts davon in Seinem biblischen Ratgeber.

"Der olle Jott" ist nur ein menschlicher Begriff, das stimmt, aber der menschliche Begriff gerade von etwas, das alle menschlichen Begriffe "transzendiert", unsere subjektive Idee gerade von etwas, das ganz außerhalb all unserer subjektiven Ideen liegt, also des **Objektiven schlechthin.**

Die biblische Urhypothese will experimentell getestet sein wie jede wissenschaftliche Theorie. Die empirischen Testreihen laufen seit Jahrhunderten oder Jahrtausenden, open end. Verifizieren lässt sich keine Theorie, schreibt Karl Popper, aber vielleicht falsifizieren? "Das säkulare Zeitalter" (Charles Taylor) moderner A(nti)theisten *glaubte*, schon akademisch gesiegt zu haben, doch der olle Jott scheint sich *offenbar* zurückgemeldet zu haben – weltweit.

Das "Buch der Bücher" ist eben keine Mystik, Magie oder Lyrik, sondern eine sehr rationale, inspirierte und pragmatische Lehr- und Kampfschrift – über historische Erfahrungen eines ganzen Volkes mit einer ebenso folgerichtigen wie unglaublichen Theorie der Sklavenselbstbefreiung.

Deutsche missverstanden dieses Geschichts- und Naturgesetzbuch allzu oft als eine Art Zauberbuch, um übernatürliche Wunder zu vollbringen.

"Gott ist Geist, der lebendig macht" *(Hegel)*, und weil wir in biblischer Theorie "persönlicher Geist von Seinem Geist" sind, also mehr als nur Leben, können wir Seine Gesetze überhaupt nur (an)erkennen, nachbuchstabieren und anwenden.

Die drei auf Abraham fußenden Monotheismen sind im historischen Zusammenhang zu sehen. Als die Hebräer einen nationalen „Zaun" um ihre Thora errichteten, um sie eifersüchtig für sich zu reservieren, entstand *korrigierend* das Christentum mit paulinischer Heidenmissionierung global. – Aber christliche Kontaminierung mit Gesetzesrelativierung, griechischer Philosophie, konstantinischer Verstaatlichung, Vergötterung des prophetischen *Menschensohnes* Jesus und Zölibatisierung des

Rabbiners führte *korrigierend* zum Islam, der auf dem proletarischen Arabervater Ismael fußt, dem Erstgeborenen (!) Abrahams aus der unehelichen Verbindung mit seiner schwarzen Sklavin Hagar, welche von der eifersüchtig gewordenen Gattin Sarah zusammen mit dem Sohn verstoßen und in der Wüste vom HErrn selber gerettet wurde.

Ob noch weitere Propheten folgen werden,
muss wohl geschichtlich offen bleiben.

Bible Left setzt auf Exodus und Ismaels plebejische Erstgeburt. Das Recht des Allerersten im Himmel auf jede männliche Erstgeburt darf nicht verletzt werden, wenn keine Unheilsgeschichte starten soll wie mit den jüngeren Mamakindern, dem Herrensohn Isaak und dem Jakob-Israel (gegen Sklavensohn Ismael und betrogenem Esau) etc. etc.

Gottes Gesetz, unter dem die Erzväter lieber litten als unter ihrem König, löste der christliche Sohn in Liebe und Heiterkeit auf, hält mit dem Heiligen Geist Allahs dann erneut Gericht und konzentriert sich auf dessen unabdingbare Essentials in einer großartigen Einfachheit und Klarheit. Der dritte Monotheismus kennt weder nationale Beschränkung noch 614 Gebote oder (polytheismusverdächtige)

Trinität und erkennt alle Propheten vor ihm an, doch keinen mehr nach ihm.

Alle drei Monotheismen bergen aber totalitaristische Versuchungspotentiale und sind ohne *Pentateuch* nur Häuser ohne Fundament.

Beide anderen Religionen erkennen den vermutlich frau- und kinderlos zu jung verstorbenen ewigen Sohn Jesus nicht ganz an als kompetenten Schriftausleger mit der Autorität eines Patriarchen, der beruflich seine eigene Familie unterhält. Dieser Armenprophet sah seine Familie nur in der Jüngerschar, die ihre Familien verlassen sollten, stieß seine Mutter zurück und spielte seinen himmlischen gegen den leiblichen Vater aus. Er sah das eschatologische Hereinbrechen des Gottesreiches noch zu Lebzeiten so nahe vor sich, dass innerweltliche Zukunftsvorsorge nutzlos wurde. Die "Parusieverzögerung" bis heute musste dann in der Folge durch Dauerkirche überbrückt und christologisch umgedeutet werden − wie politisches Scheitern zum geistlichen Triumph. Aber Jeshua Ben Josef aus Nazareth hat das Gesetz Gottes vorbildlich erfüllt.

Die christliche Dreifaltigkeit hat ihren rationalen Kern vielleicht in republikanischer Gewaltenteilung

(Montesquieu*)* : *Legislative* (Hebräische Religion des Vaters), *Exekutive* (christliche Sohnesreligion) und *Judikative* (muslimische Religion des Heiligen Geistes im *Jüngsten Gericht*) in AT, NT und Qoran.

Als der Steinzeitmensch noch gemächlich seiner Herde folgte, noch kein einziger Getreidehalm angebaut war, noch niemand ein abgestecktes Stück Land dem Weltschöpfer geklaut und kriegstreibend für sich allein beansprucht hatte, als die Gesellschaft nicht viel größer war als ein freiwillig lockerer Verband von Großfamilien und Sippen in der Steppe, als die Machthierarchien nicht viel steiler waren als die zwischen Mann und Frau und Kind(eskind)ern, als der Unterschied von Mensch und Landschaft noch kein Unterschied von Stadt und Landwirtschaft war, nannte die Bibel diesen Zustand den *Garten Eden*, das Paradies, aus dem der Nomade sich selber vertrieb, als er vom *Baum der Erkenntnis* aß, der Erkenntnis nämlich, wie Gottes Schöpfung am besten erschöpfend zu missbrauchen wäre als bloßer Rohstoff für bessere Schöpfungen der sesshaften Übermenschen. Die christliche *Erbsünde* hat ihren rationalen Kern in diesem selbstverschuldeten Fall der nomadischen Jäger, Fischer und Sammler in die gottverfluchte Welt der feudal sich organisierenden Ackerbauern und Viehzüchter. −

„Macht euch die Erde untertan!" : Tut sie unter eure Wanderstiefel! Der Arbeitssklave geht – und überlässt uns unserem Dreck.

Die beiden Söhne des Urelternpaares : Der Herr zog das Opfer des Wanderhirten (!) Abel dem Opfer des Bauern (!) Kain vor, verschonte aber den Brudermörder als den erstgeborenen Sieger der *freien* Verfallsgeschichte aller Sesshaften. Wir alle stammen ab von Kain, nicht vom Nomaden Abel („Hauch").

Psalm 23 : „Der Herr (JHWE) ist mein getreuer Hirte, mir wird nichts mangeln …" Die Schafe wohnen am Tisch und im Haus ihres Hirten, und der um 1000 v. Chr. zum König avancierte Hirtenjunge David wurde Gastgeber und Hirte seiner Herde.

Nur zwei Dinge haben die letzten zwei Jahrtausende laut Chesterton in Europa überdauert, der christliche Seelenhirte *(Pastor)* und die bukolische Idyllenpoesie *(Pastorale)* : Sehnsuchtserinnerungen ans verlorene Paradies des vom HErrn favorisierten Goldenen Nomadenzeitalters.

Der Schöpfer versprach, Sein Werk nicht noch einmal zu vernichten, sondern abzuwarten, bis das freie Werk Seiner Ebenbilder wie der Babelturm naturgesetzlich von selbst zusammenbricht, um vielleicht auf Sein – vom Ebenbild verspieltes – nomadisches Urprojekt einstmals wieder zurückzukommen …

Wir haben kein Patriarchat, und solange es nicht die Unterstützung der Frauen findet, hat es keine Chance gegen die Vorherrschaft von dummen Jungen und ewigen Kindsköpfen. Nur ein Patriarchat macht aus dummen Jungen richtige Männer und potentielle Väter, mit denen richtige Frauen auch etwas anfangen können. Der moderne Kampf gegen Väter ist auch ein Kampf gegen die drei Monotheismen, denn das "Prinzip Vater" ist das Prinzip der Individualisierung des Menschen, der Emanzipation aus dem *Sozialuterus* von Herden, Horden und Kollektiven. Was der Segen des Vaters aufbaut, möge der Fluch der Mutter nicht wieder einreißen.

Sparta, die potenteste Miltärdiktatur der Antike, wurde dominiert von asexuellen Feministinnen, die ihre Söhne (per Ödipuskomplex) an sich banden und sie dann gegen zu schwache Gatten und Väter ("Weicheier") mobilisierten und scharfmachten. Schon Aristoteles beobachtete, dass ausgesprochene Kriegerstaaten von ehrgeizigen Frauen beherrscht werden, die ihre lahmen Kerle in den Krieg schicken, um sie los zu werden. Und wehe, die kommen dann auch noch geschlagen wieder zurück!

Das wird, gender-ideologisch überhöht, amazonen-strategisch weiter praktiziert. Cherchez la femme!

Gott mag vermutlich unsere Hochkulturen nicht, die Sein Werk durch unsere Werke optimiert zu haben glauben. Sind all diese zivilisierten Veranstaltungen für Ihn nicht nur Verunstaltungen seiner Schöpfung? Menschliches „Eigentum ist Diebstahl" an Ihm und zur befristeten Nutzung uns alles nur ausgeliehen. Reiche kommen nicht ins Himmelreich, selig sind die Armen, denn ihrer ist es, und Er ist mit den Zer-schlagenen im Geiste. Das Joch Seines Gesetzes ist sanfter als das Joch unserer Herrscher, und nur der HErr kann von den Herren der Welt befreien : Keine Revolution ohne Religion! Auch die aufs verfluchte Ackern folgende Industriewelt sollte eine historische Episode nur werden, die wir geistig möglichst bald hinter uns lassen, ist sie doch eine Pandorabüchse, die sich als unerschöpfliches Füllhorn gut verkauft.

Grand-Design-Kreationismus : Sind die Evolutions-gesetze des Lebens selber denn auch nur durch Evo-lution entstanden? Und warum soll der Schöpfer des biblischen Sechstageplans sich nicht einer "String-theorie" bedienen, die Relativitäts- wie Quantentheorie vereint und eine Jahrmilliardenentwicklung steuert?

Wissenschaft und Philosophie, denen nichts mehr heilig ist, werden zu Technik und Kulturindustrie. „Philosophie ist die Hermeneutik der Gnade." „Das einzig Sinnvolle ist es, Gott starrsinnig mit unseren Gebeten zu belästigen." *(Nicolás Gómez Dávila)*

Und wenn wir alles kapiert haben,
kann Er vielleicht weiterziehen,
der himmlische Weltlehrer ...

Und was ist mit all den vielen anderen Gottheiten aller Zeiten und Zonen samt ihrer Geschichten? Einer genügt, Er vereint sie in sich.

Kurze Skizze einiger Religionsphilosophen der Tradition

Thomas von Aquin, der katholische Hausphilosoph, übersetzte das Christentum ins Aristotelische, also ins hochhäuslich Realistische und empirisch Bewährte.

Hegel übersetzte den Protestantismus in Religionsphilosophie, die für Eliten auf den Begriff bringe, was die Religion dem Volk in Bildern sage. Gott könne ja als Vaterfigur seinen Begriff nur erfüllen, indem er sich im Gottessohn und dessen Gemeindegeist realisiere, um keine abstrakte Luftidee zu bleiben. Christi und seine Kirche sei gleichsam der ontologische Gottesbeweis. Die anderen beiden Monotheismen fallen ihm dagegen ab.

Jesus erstehe auf nur im Kerygma. *Rudolf Bultmann* übersetzte die Bibel ins Heideggerdeutsch, so dass seine „Entmythologisierung" sich gleich wieder existential-ontologisch remythologisierte. Bei Bultmann kommt die anthropologische Anschlussfähigkeit der Theologie zu ihrem Recht um den Preis rechtslastiger Heideggereien.

Karl Barths Gottesbegriff thront so inkommensurabel über seiner eigenen Schöpfung, dass er kaum mehr als ihr Schöpfer verständlich ist, als habe er nichts damit zu schaffen und als sei sie des Teufels. Theologie wird so dialektisch, dass Gott nicht mehr nur der antikultur-protestantische „Ganz-Andere" sei, sondern aller Welt und sogar deren Religion widerspricht. Wenn Christi Himmelreich nicht mehr von dieser Welt ist, ist er vom Weltuntergang kaum noch zu unterscheiden. Die Liebe und Gnade von oben wird launisch und terroristisch wie die Fortuna. Beim „Rotbarth" kommt die unmanipulierbare Unverfügbarkeit des Schöpfers zu ihrem Recht um den Preis einer Zumutung für den Menschenverstand und ohne Brücke zwischen Glauben und Wissen.

„Theologie der Hoffnung". Neuere evangelische Christologien wie die von *Jürgen Moltmann* z.B. übersetzten die Bibel in Ernst Blochs marxistischen Messianismus. Aber wo endete der?

Biblischer Monotheismus oder naturwissenschaftlicher Materialismus?

Das Unverständliche an der veränderlich überkomplexen Welt, schrieb Einstein, ist ihre Verständlichkeit, also dass sie nach erstaunlich wenigen konstanten Gesetzen geordnet ist. Naturgesetze und Logik sind die „Gedanken Gottes vor der Schöpfung", schrieb Hegel. Wenn Gott nicht existiert, verdanken wir und das Expansionsall, das Sein selber, Freiheit und Moral und die unendlichen „Paralleluniversen" etc. einer fast unendlich hohen Anzahl von kontingenten „Zufällen", will man nur den heutigen „M-Kosmologen" glauben.

Und diese unendlich zahlreichen *zufälligen* Paralleluniversen müssen dann immer schon in einem *Multiversum* tatsächlich koexistieren. In einem unendlich *zufälligen* davon leben wir selber *zufällig*. Man sagt uns : Das ist nun mal *zufällig* so, basta! Jeder der quantenphysikalisch möglichen *Zufälle* sei in einem eigenen Paralleluniversum, das selbst wieder ein eingeschachteltes Multiversum sein müsste, schon längst realisiert. Dann aber gibt es, wie schon Nicolai Hartmann postulierte, keine Möglichkeit, die nicht schon Wirklichkeit wäre, um die extreme kosmologische Unwahrscheinlichkeit unserer Welt und deines Zufallslebens darin wegzuerklären. Dass alle Denkmöglichkeiten aber in einem Multiversum schon verwirklicht sein müssen, ist selbst eine metaphysische These, wenigstens nicht entscheidbarer als die Frage nach der Existenz Gottes. Es könnte ebenso gut auch ganz anders sein, ohne gegen Logik und Naturgesetze zu verstoßen. Es gibt keinen materialistisch-naturalistischen Grund, warum es gerade so und nicht anders ist mit dem All, dass alle kosmischen "Naturkonstanten" gerade "anthropisch" auf seine Beobachter zugeschnitten scheinen. Das Unbedingte kann es naturwissenschaftlich nicht geben..

Aber "Theodizee"? Was ein Gott an Schlechtem und Bösen in der Welt zugelassen hat, würde die

Menschheit ohne Ihn eines künftigen Sanktnimmerleintages vermeiden können : Ist das nun beweisbarer oder widerlegbarer als Gottes Existenz? Ohne einen Gott würde es höchstwahrscheinlich niemals Gerechtigkeit für Verlierer und Opfer geben – nach allen gescheiterten Sozialismusexperimenten. Die künftige Existenz einer wesentlich verbesserten Welt scheint nicht viel beweisbarer als die Existenz des einen Gottes.

Woher also kommt die primordiale *Vakuumenergie* oder die Mater-ie, *Magna Mater*, aus der angeblich alles kommen soll, wenn nicht wieder aus Mater-ie oder etwas noch Unbekannterem oder aus *Vakuumfluktuationen* des „Nichts"? Doch woher kommt dieses energiegeladene Ur-Nichts der einsamen *Singularität* mit seiner unerklärlichen quantentheoretischen Eigenschaft, in *Planckzeit Plancklängen* zu durchmessen und spontane Partikelpaare zu bilden, die rasch wieder ineinander verlöschen, und doch einige davon übrig zu lassen, die nicht mit ihren Antiteilchen asymmetrisch verschwinden, sondern durch eine *zufällige Inflationsrate dunkler Energie* oder *Quintessenz* unser Universum gebildet haben sollen bis heute – im ständigen Gegenspiel mit der Gravitationskraft einer *Dunklen Materie*?

Kurz : Auch naturwissenschaftlicher Naturalismus ist keine empirische Physik, sondern eine denkmögliche Metaphysik wie der spekulative Theismus, logisch oder experimentell bislang weder beweisbar noch wiederlegbar. Aber der Materialismus ist eine Metaphysik, die sich nicht gestehen will, und der Monotheismus eine Theorie, die sich beweisen will.

Woher also kommen Naturgesetzlichkeit und Logik, die als einziges ewig zu gelten scheinen in einer vergänglichen Welt – ewig wie der Ewige selber? Naturwissenschaftler und Materialisten schweigen, Metaphysiker nicht : Naturgesetze und Logik sind nur Gottes Gewohnheiten, die Er aber eines Tages auch ablegen könnte, wann immer es Ihm beliebt. Werden Naturgesetze und Logik das aktuelle Universum überdauern, und wird alles, was jemals gewesen ist, in Gottes Gedächtnis gespeichert bleiben?

Physik kennt nichts Unbedingtes, Metaphysik postuliert Ab-solutes. Die abschließende Ursache aller Ursachen hat keine eigene Ursache und ist laut Kant nur eine Vernunftidee, die den Erkenntnisfortschritt steuert – wie auch das komplette Ganze aller Dinge selber kein Ding u. a. ist. In Gedanken lassen sich Weltraum und Weltzeit beliebig erweitern und zerkleinern ad infinitum – logisch und empirisch ist unentschieden, ob es so etwas wie Gott oder die menschliche Freiheit nun gibt.

Es gibt herzensgute Materialisten wie grundböse Theisten, was aber theoretisch gar nichts beweist. Naturalist und Theist, keiner von beiden erklärt die Welt an sich besser. Die Wahl zwischen ihnen bleibt freie Entscheidung und persönlich motiviert, weil Theorien, welche die gleiche unwahrscheinlichste Datenmenge erklären, als gleichwertig und gleich-berechtigt zu gelten haben. Theisten können sogar alles Unwahrscheinliche erklären, das Naturalisten sich und uns gar nicht erklären können, nicht etwa umgekehrt. Und ist die moderne Kosmologie eine geringere Zumutung für den zu gesunden Menschenverstand als die uralte biblische Theologie? Wenn aber eine Gottheit alles kann, dann sich uns z.B. auch in jeder beliebigen Maske präsentieren oder entziehen, warum nicht auch in der Rolle einer Person wie du und ich?

Ist die Unsterblichkeit gestorben, oder geht „Das säkulare Zeitalter" schon zu Ende? Müssen Schuldige, die der Justiz entgehen, vor keinem *Jüngsten Gericht* sich mehr verantworten, und ist das ein Hauptmotiv des heute grassierenden A(nti)theismus: letztlich mit allem ungestraft davonzukommen?

Die Moderne merkt gar nicht, dass sie auf paganische Altpositionen zurückgeht, gegen die biblische Schriften gerade vehement und radikal angehen – wie etwa in der Antike übliche Kindstötungen vor allem bei Sklaven, um sich die gewünschten Dienstleistungsheere zu züchten. Die Neuheiden sind oft so veralteter als die von ihnen verachteten Alten. Sie fallen hinter heilige Schriften so weit zurück, wie sie deren *Dorfreligionen* überwunden zu haben wähnen durch Aufklärung. Doch Aufklärung über überholte Mythen wurde längst ihr eigener mächtiger Mythos laut Adornos „Dialektik der Aufklärung" (1947).

Von den biblischen Erzvätern aus betrachtet, macht z.B. platonistische Homoerotik aus der Not, niemals erwachsen geworden zu sein, die Gendertugend, sich nicht nur gleichberechtigt, sondern auch ganz gleichwertig zu fühlen, ja, anerkannt zu werden von der *permissiven Gesellschaft* der heute den Ton angebenden kosmopolitischen, links-liberal wohlhabenden Globalisierungsprofiteure und Multikulti-Eliten, welche die „abgehängt Zurückgebliebenen" ins Rechtsaußenstigma verdrängen.

Anhang : Formale Theologik

Gottes Bewußtsein vom Ganzen ist Teil dieses Ganzen, christologischer Teil des Ganzen aber gerade als Bewußtsein von ihm. So entsteht der Widerspruch, daß

1. das Bewußtsein das Ganze, dessen es sich bewußt ist, um genau so viel übersteigt, als es dessen Bewußtsein ist, also Bewußtsein, das zum bewußten Sein im Ganzen hinzukommt, und daß gleichzeitig

2. dieses Ganze um genau so viel mehr ist als sein Bewußtsein von ihm, als das Bewußtsein vom Ganzen selbst nur ein Teil des Ganzen ist.

Jener Teil des Ganzen, dem dieses Ganze samt seiner selbst in ihm bewußt werden will, ist mehr als das Ganze selbst und transzendiert es, ein *ens sui generis*, welches das Ganze zu einer Meta-Ganzheit ergänzt. Erstens leisten wir unseren Tribut an den Materialismus : Das Bewußtsein vom All könnte nicht Selbstbewußtsein sein, wenn es kein Teil des Universums wäre, das es begreifen will. Zweitens leisten wir dem Idealismus Tribut: Ein Bewußtsein vom All könnte kein Teil des Alls sein, wenn es nicht Selbstbewußtsein wäre und als solches nicht über sich stünde. Das All muß schon vollständig vorliegen, bevor ein Bewußtsein davon sich bildet. Es darf durch ein Bewußtsein von ihm nicht erst mitdefiniert werden, da sonst Bewußtsein sich stets voraussetzen würde und früher als es selbst wäre.

Nun haben wir in den „Principia mathematica" (1912) von Russell gelernt, daß der Oberbegriff einer Klasse von Objekten stets außerhalb der Klasse steht : der Begriff gehört nicht zu dem, was er begreift. Die Klasse ist kein Element ihrer selbst, ohne sich selbst zu widersprechen. Daß der Begriff von anderem logischen Typ ist als die von ihm begriffenen Gegenstände, war ja die Auflösung jener sogenannten Russellschen Paradoxien, die zu Beginn des 20. Jahrhunderts Mathematik und Logik in eine ernste Grundlagenkrise zu stürzen drohten. Auf unser Problem angewendet, die Universalität der Begriffe vom Universum in einem selbstreflexiven Bewußtsein zu begreifen : Das 'transzendentale Ego der reinen Apperzeption', die intelligible *res cogitans* von Descartes bis Kant, die transzendentale Subjektivität bei Husserl, sind durch den Abgrund einer theo-logistischen Metastufe getrennt von der Natur (samt meiner eigenen empirischfaktischen Existenz in ihr). Was jedes menschliche Individuum schon als Teil des Ganzen und als Ganzes seiner Teile darstellt, repräsentiert der Gottesbegriff in Bezug auf das Ganze aller denkbaren Ganzheiten.

Damit formalisieren wir nur den „Sinn des Sinns", den *Volker Gerhardt* in seinem „Versuch über das Göttliche" (2014), einer Religionsphilosophie rationaler Theologie, über die Vereinbarkeit von (christlichem) Glauben und wissenschaftlichem Wissen ausgeführt hatte.

Dass der „Quantenschaum eines planck-langen Ur-Vakuums" Ursache-seiner-selbst sein soll, ist doch so unerklärlich wie die gern belächelte scholastische „Aseität" Gottes und andere „Spekulationen" …

+ + +

Der Rabenvater ist tot,
es lebe das Patriarchat!

Hat der Mann die Mannesreife,
wenn er hat des Gliedes Steife?
Hängt er an Mamas Kleiderzipfel,
ist das kaum der Reifegipfel.

Der erwachs´ne Dritte im Bunde
trennt ihn erst vom Muttermunde.
Von geliebter *Alma Mater*
vertreibt den Knirps sein Leibesvater,
bevor er seine Mama freit,
hat Vadder ihn von ihr befreit.

Bekämpfe deinen Vater,
dann wirst du wie dein Vater
mal ein Familienvater,
ein Großemanzipater:
Streng, gerecht und stark und klug
zeigt er dir die Welt genug.
Und dann sind aus dummen Jungen
gestandene Mannomanns gelungen.

Kerl, du bleibst das Kind,
das du nicht selber hast,
und jeder Frau nur eine Last.
Sie sind wie Fahnen in dem Wind,
Männer, die nicht Väter sind.

Die ihr Leben nicht verschnarchen,
werden weise Patriarchen
aus dem *Alten Testament,*
doch das ist leider *nicht* im Trend!

Frei zum Vater, frei von Muttchen,
frei zu Kindern, frei von Nuttchen,
im *Buch der Bücher* wird mann fündig,
denn nur schriftlich wird mann mündig,
und im *Buche der Natur*
steckt die alte Schriftkultur!

Heute nutzen Frau'n den Sohn
wider zu matte Gatten
und geben ihm zum Lohn
die Liebe, die sie nie hatten,
und schicken die Kerle in Kriege
und feiern die unreifsten Siege:
So werden sie die "Schweine" los,
doch ihre Kinder niemals groß.

Verschwörungstheorien
über Verschwörungstheorien?

Dieser „Essay" ist ein Versuch über die prinzipielle Möglichkeit, einmal probeweise per Gedankenexperiment die gängige kritische Theorie über Verschwörungstheorien, -mythen oder -ideologien selbst als denkbare *Verschwörungstheorie* (kurz: VT) darzustellen und aufklärerisch zu „entlarven".

Wie, wenn es nur Verschwörungstheorien zu deren Entlarvung gäbe, also Annahmen über Verabredungen von Personenkreisen, anderen Personenkreisen wissentlich und willentlich durch illegale oder illegitime Unterstellungen zu schaden? Ist VT also vielleicht das, was andere (Verschwörer?) nur für VT halten oder gehalten haben wollen? Soll eine überkomplexe Welt nur hand- und mundgerecht versimpelt werden?

Dass es so etwas wie VT gibt, setzt ja Verschwörer (V) voraus, die von Nichtverschwörern (NV) so genannt werden. VT setzt voraus, dass es auch Nicht-Verschwörungstheorien (NVT) gibt und die prinzipielle Chance, sie davon triftig zu unterscheiden, um seine begründbare Wahl treffen zu können. Als Muster einer NVT gilt heute etwas, das einst als Muster einer VT galt, und auch umgekehrt. Religion und Wissenschaft (Aufklärung) z. B. verdächtigen einander bis heute einer ebenso gefährlichen wie attraktiven VT, um einander zu untergraben und Normalverbraucher (gemeines Volk) für dumm zu verkaufen.

Als Mustermodell einer NVT bei Leuten, die weder an Wissenschaftler glauben noch an Himmelsgötter, gilt gemeinhin der „gesunde Menschenverstand", selbsternannter Volksrichter über Wahr und Falsch, Besser und Schlechter, Erhabenes und Banales.

Hier wird nicht behauptet, es gäbe überhaupt keine VT oder NVT. Betont wird nur die grundsätzliche Schwierigkeit und Problematik, sie endgültig voneinander abzuheben, ohne selbst als V oder VT jemals entlarvt werden zu können. Wie, wenn selbst die Naturwissenschaft, letzte moderne Richterin über Wahr und Falsch, als Summe von VT gedeutet würde, um alternative Theorien als VT gezielt zu entwerten – also als bloßer Interessenklüngel von Mehrheiten oder Minderheiten, um zu schaden? Aber selbst ein solcher Verdacht kann – von Natur-

wie Geisteswissenschaftlern − wieder als VT zurückgewiesen werden.

Moderne Wissenschaftler als Verschwörer zur Entmachtung gleichberechtigter Welterklärungsmodelle? Auch der Anspruch der Naturwissenschaft selber, letzte Instanz zur Aufklärung über illegitime VT, ist schon als VT verdächtigt worden, nämlich als intellektuelles Instrument weltweiter Naturbeherrschung im Finanzinteresse mächtiger Industriekonzerne hinter allem, zur Unterjochung und Ausbeutung von Mutter Natur und von menschlicher Natur ihrer Menschenkinder. Physiker, Chemiker und Biologen als (Geistesknechte der) Naturschänder und Naturvergewaltiger?

Aber Naturnutzung wollen wir doch alle offen und nicht nur wenige insgeheim! Oder werden uns hier Sonderinteressen obskurer Ausbeuter-*Rackets* nur als "Gemeinwohl" verkauft? Wissenschaftlich gesicherte Wahrheit von Experten darf ja kein Ergebnis demokratischer Mehrheitsentscheidungen von Laien sein. VT ist gar keine Sache von Mehrheiten oder Minderheiten. Wissenschaftlern wie Ideologen geht es um "Komplexitätsreduktion" der Welt. Aber von "Wirrköpfen" entwirrt?

Was als Verschwörung behandelt wird, kann Sache einer Konspiration selbsternannter Aufklärungsmonopolisten sein, aber auch solches Gerücht lässt sich wieder als Verfolgungswahn, also als mögliche VT abtun, immer mit Berufung auf „instrumentelle Vernunft", die selbst wieder nur die Machtinteressen von Cliquen kaschieren könnte.

Meine Aufklärung über Gegenaufklärung, also über den bloßen schönen Schein von Aufklärung durch andere, kann wieder bloße Herrschaftsinteressen verschleiern wollen. Wie, wenn man sich des schönen Vernunftbegriffs nur bediente, um hässliche Machtinteressen dahinter im Dunkeln zu lassen?

Wenn es aber nur noch Paranoia gibt, dann gibt es gar keine mehr. Ist das Falsche nicht nur das Unwahre, sondern immer auch Resultat machtgieriger Verfälschung, die das einzig Wahre ist – die falsche Schlange im Verbraucherparadies, die ihr sinistres Spiel mit der Erkenntnis der Wahrheit treibt?

Wahrheit ist nur, was jeder dafür halten mag? Die philosophische Theorie des letztlich unwiderlegbaren „Solipsismus" geht diesen Holzweg, der letztlich nur aus pragmatischen Gründen verworfen werden kann, als inpraktikabel.

Auch so etwas wie Vernunft lässt sich ja mit rationalen Gründen durchaus in Frage stellen. Vernunftkritik, gar Selbstkritik der Vernunft (etwa die der „Kritischen Theorie" der „Frankfurter Schule"), gilt geisteswissenschaftlich als rationales Unterfangen, das zu vernünftigen Ergebnissen oder auch unvernünftigen Zielen führen kann. Wer kann unwiderleglich beweisen, ob Aufklärung über Aufklärung und Aufklärer klar oder obskur ist: Alles nur *Mythen der Entmythologisierung*?

Wenn dieser Essay zu etwas mehr Verwirrung der sich allzu sicheren Geister beitragen könnte, hätte er seinen aufklärerischen Zweck mehr als erfüllt. Er könnte als VT zur Aufklärung über VT als NVT oder über NVT als VT genutzt werden – aus bloßem Machtkalkül einer verdeckt agierenden Interessengruppe gleichgesinnter Hintermänner und Drahtzieher.

Ich gehe jetzt absichtlich auf einzelne heute beliebte VT gar nicht ein und lasse auch bekannte Aufklärer über bekannte Aufklärer beiseite, wie man kritisieren wird. Immer gibt es Gesellschaftsgruppen, die andere als böse Verschwörer und sich selbst als gute Aufklärer identifizieren und dingfest machen, an den Pranger stellen und vermeintliche Verfolgungswahnsinnige ihrerseits wahrhaft verfolgen. Verschwörer, die einander als Verschwörer enttarnen?

VT setzt voraus, dass es NVT gibt, und beide zu unterscheiden durch Kriterien, die nicht selbst wieder VT sein dürfen. Geht es letztlich um die Pilatusfrage : Was ist Wahrheit? Gibt es Unwahrheit? Wer darf Wahrheit füglich beanspruchen mit praktischen Folgen? Gibt es eine bloße ungute "Verschwörung der Guten" gegen die Bösen? Menschen aßen vom "Baum der Erkenntnis des Guten und des Bösen", des Wahren und Falschen und ihrer begründbaren Unterscheidbarkeit, ob nun wahrhaft, wahnhaft oder wahrscheinlich gefälscht.

Ist Aufklärung und Wahrheit eine bloße Machtfrage gesellschaftlicher Interessengruppen, wie Michel *Foucault* mit Friedrich *Nietzsche* prinzipiell vermutete? Der Strukturalist sieht nur machtvolle Ideolog(i)en einander verdrängen in stetem Wettkampf.

Dieser Taumel des Denkens ist Philosophie, eine VT, um alle VT potent(iell) zu beenden oder wenigstens einzuschränken auf ein „vernünftiges Maß". Wie jede Theorie das Werk einer Verschwörerbande sein kann und jedes Dunkelmännerkomplott sich einseitig verabsolutierter rationaler Argumente durchaus massenpsychologisch virtuos zu bedienen weiß.

Gemeinhin enthalten VT nämlich nicht zu wenig Sinn und Verstand, sondern eher zu viel. *Chesterton* schrieb, Irrenanstalten eines Landes seien voll von Leuten, die alles verloren hätten, nur nicht ihren klaren Verstand und ihre messerscharfe Logik (und ihr depressives „Gefühl der Gefühllosigkeit").

Dieser Essay hebt sich in gewissem Sinne selber auf, wird man sagen, und widerspricht sich durch seine Sprache. *Hegel* nannte dieses methodisch organisierte Verfahren „Dialektik", ein permanenter Irrtum und Irrsinn, um einmal zur Wahrheit zu kommen. Paranoia to end all paranoia? Kann man über Selbstwidersprüche nichts sagen, was nicht sich selber wieder widerspricht - Undsofortschritt ad infinitum?

Sigmund *Freud* übrigens deutete Kunst, Religion und Wissenschaft als sublimierte Hysterie, Zwangsneurose und Paranoia.

Der renommierte Staatsrechtslehrer *Carl Schmitt* hielt Politik für die Staatskunst, Freund und Feind in freier Entscheidung zu benennen. Souverän sei, wer den Ausnahmezustand ausrufen darf. Das verschaffte ihm viele linke und rechte Freunde und Feinde, bis heute. Liegt da der irrationale Kern jeder rational(isierend)en VT, die Kollektive gegen Konkurrenzkollektive abschottet und zusammenschweißt?

+ + +

Andere aufregen : aufbringen, aufreizen, aufwühlen, erzürnen. *Sich aufregen* : aufbrausen, sich erregen, ereifern, erhitzen, echauffieren, alterieren, außer sich geraten und aus dem Häuschen.
Beides wütet bis zum Aufruhr.

Der eine regt sich auf übers Unrecht, der andere über Richter, der dritte über Rechte, der vierte über Vorrechte, der letzte über Nachrichten.

"Was soll ich mich da aufregen?"
"Damit du nicht einschläfst!"

Am liebsten regt man meine Aufregung an,
um sich über sie aufzuregen.

His Master´s Voice gehorchen?

Alle "Popmusik" ist gut
zur Regression der Ohren.
Allzu leicht geht sie ins Blut
zurückgebliebener Toren.
U-Musik verdirbt das Gör
bis ins greisigste Gehör.

Swing singt Klingelingeling.
Rock hängt noch an Mamas Rock
und vernichtet jeden Choc.
Ist der *Punk* noch kinderkrank?

Schlager ruft die Schläger,
Folk verarscht das Volk,
Soul ist hohler Seelenkohl,
Beat ist Babyschiet im Lied,
Rap nur Nepp for Depp,
Techno sagt zu High-Tech : No!
Ja-zz sagt Ja, sang Ja, tanzt Ja.
Pop on top ist reifer Kopp-Flop,
infantil und infernalisch
trivialsttiefmusikalisch.

Reifes Hören
nix für Gören?
Kinderrasseln,
Teenies quasseln,
bilden Ohren sich zurück,
triumphiert das Herdenglück.

Popmusik vertreibt die Sorgen
mit Marschmusik von morgen:
Auf die Taubheit bauen
heißt auf die Pauke hauen.
Menschenaffen kreischen, stampfen,
wo sie nur Gesinnung klampfen.

Nur Dur und Moll, na toll,
der B-Ton macht die alte Musik,
der A-ton macht die Neue Musik.
Und solch Gelärm von Ewiggestern
will *Schön-* und *Alban Berg* verlästern,
immer mit dem Kontra-*Punk*
ohne springenden Kontrapunkt
die Um- und Innenwelt verpestern?

„Jeder Mensch ist eine Insel" wie England?

Im Meer der Dummheit ist das Wissen
eine Insel, die wir halten müssen.
Im Meer der Tränen ist das Lachen
eine Insel, die wir größer machen.

Im Häusermeer ist deine Hütte
eine Schiffbruchinsel in der Mitte.
Im Meer von Blut sind unsere Herzen
Inseln, die uns scherzend schmerzen.

Die Chaosforscher heute sagen:
Nur Inseln haben nicht zu klagen.
Wer im Ganzen aufgeht munter,
geht im Ganzen schneller unter:
Nur auf seiner kleinen Insel
versinkt im Ozean kein Pinsel
mit Winseln
als Gerinnsel.

Aphoristische Enzyklopädie
der Künste und Wissenschaften?

Geisteswissenschaftler wollen nichts davon wissen, dass Moralisten viel geistreicher waren. Deren Elementar(ur)teilchen waren häufig elegantere Formeln als die der *Naturwissenschaftler*.

Unberechenbare Moralisten zählen auf Menschen, die von unzähligen *Mathematiker*n gezählt werden.

In der *Rechtswissenschaft* fällen sie oft die richtigeren Urteilssprüche und Freisprüche.

Die aphoristischen Privatproduzenten, deren schmales Angebot die Nachfrage noch übersteigt, denken in ihrem Kurzwarenhandel ökonomischer als die weitschweifigsten *Wirtschaftswissenschaftler*.

In viel Zeit geschrieben, in wenig Zeit gelesen: Die Aphorismen sind kleine *Geschichtsphilosophie*n, in denen (Großen) noch manchmal etwas geschieht.

Moralisten waren schon *Anthropologen*, als es noch gar keine gab und denen auch nichts Unmenschliches fremd ist.

Aphoristiker sind wahre *Ethnologen*, für die das wilde Denken heißgelaufener Gesellschaften in der milden Gedankenlosigkeit kalter Sozietäten liegt.

Soziologen sind asoziale Herdentiere, die partout nicht den Ungeselligkeitstrieb von Aphoristikern verstehen, welche die schlichte Unschlichtbarkeit des Konflikts zwischen Individuum und Allgemeinheit auf griffigste Begriffe bringen.

Aphoristiker waren schon immer die Psychologen für *Psychologen* und *Tiefenpsychologen*, bevor es die gab. Der *Pädagoge* traktiert die Dummheit vor dem Wissen, der Moralist die höhere Unwissenheit nach allem Wissen. Der eine denkt zu lehren, der andere lehrt zu denken.

Theologen fußen auf Jesu „Logien", den Sprüchen der Väter oder Salomonis. Die biblische Spruchweisheit erlebt ihre aphoristischen Kontrafakturen bis heute.

Aphoristiker sind lebendiger als *Lebensphilosophen*, die gar nicht vitaler sind als Biologen, und denken existenzminimaler als *Existenzphilosophen*, die ja gar nicht existieren oder nur existieren und sonst gar nichts. Sie sind oft die besseren *Phänomenologen*: Sie kommen zur Sache selbst oder zur Sprache, sie schauen aufs Wesen der Sache, also aufs Unwesen, das sie treibt, und lassen nur alles Wesentliche weg.

Sie sind *dekonstruktivistischer*, weil sie alle binären Oppositionen zum Tanzen bringen und nichts ausschließen als gängige Ausschlussverfahren. Nichts ist konventioneller als das *postmoderne* Spiel mit Konventionen, die erst aphoristisch durchbrochen werden. Die *(De-)Konstruktivisten* machen, was sie gar nicht können, also ihre mangelhafte Subjektivität zur höheren Objektivität. – Der dekonstruktive Aphorismus ist konstruiert wie eine sprachliche Höllenmaschine.

Moralistik, *ordinary language philosophy* in literary form, hatte den *linguistic turn* schon avant la lèttre vollzogen, und analysierte die „mores", Sitten und Sprachgebräuche der Epochen, als es die *analytische & psychoanalytische Philosophie* noch gar nicht gab.

Aphoristik ist auch eine „bestimmte Negation", verteidigt Einzelheiten gegen ihre Einheit und treibt *Kritische Gesellschaftstheorie*, die auch praktische Maximen des Handel(n)s in Maximen reflektiert.

Moralisten waren stets bessere praktische Philosophen und *Moralphilosophen*, da sie das Normale an seinen eigenen Normen maßen, statt uns Mores zu lehren. Der Aphorismus ist *ästhetisch* als ein philosophischer Gehalt in literarischer Gestalt, als sinnlicher Sinn, als „sinnliches Scheinen" (Hegel) der platonischen Ideen, als wahrnehmbare Wahrheit bewährter Unwahrheiten.

Aphoristik wendet die *Logik* logisch gegen sich selbst durch „impliziten Schluss" (Klaus v. Welser) oder stimulierende Paradoxien und Antinomien.

„Ein Haufen aufs Geratewohl hingeschütteter Dinge ist die schönste Weltordnung." (um 500 v. Christus) *Heraklits* dialektische Rätselsprüche ergänzen *Demokrits* kosmologischen Atomismus. Sophistischer Subjektivismus und sokratischer Individualismus des bewussten Nichtwissens führten zu platonischen Ideen und deren paradoxem Verhältnis zu bloßen „Doxai".

Lapidar pointierte Sentenzen des römischen Stoikers *Seneca* bereiteten das aphoristische Stilideal vor.

Der mittelalterliche Universalienstreit zwischen Realismus und Nominalismus ließe sich aphoristisch (sic et non) gegen scholastische Summentheologie führen in „Sentenzenkommentaren". Die unio mystica zwischen Unvereinbarem wurde bei *Nikolaus von Kues* zur witzfähigen „coincidentia oppositorum".

Bloch lobte *Sebastian Francks* geschichtsbiblischen „Paradoxa" als frühprotestantische Proto-Aphos.

Die „Essais" des Moralisten *Montaigne* begründen die Individual-Renaissance des antiken Skeptizismus.

Francis Bacon führt 1620 den Forschungsaphorismus gegen die deduktionsmethodische Summenscholastik ein.

„Die *morale provisoire* des Descartes formuliert sich bereits in Maximen." (Rüdiger Bubner, 1976)

Um 1670 rebellieren *Pascals* „Pensées sur la religion" gegen naturwissenschaftliche Aufklärungsmonopole. Er spielt den aphoristischen „esprit de finesse" gegen wissenschaftl. „esprit de géométrie" aus.

1714 propagiert *Leibniz* die aphoristischen Monaden seiner infinitesimalen Differenziale. „Monaden haben keine Fenster" zu anderen Spiegeln des Alls. Jede aphoristische „Monade" reflektiert perspektivisch alle übrigen in „prästabilierter Harmonie".

Kants praktische Vernunft besteht aus Maximen, aus hypothetischen Klugheitsregeln, die auf imperativische Generalisierbarkeit hin überprüft werden, ob sie wie Naturgesetze gelten. „Anthropologie in pragmatischer Hinsicht" untersuchte die gewitzte „Assoziation heterogener Vorstellungen der Einbildungskraft" als „gemeinsame Wurzel von Verstand und Sinnlichkeit". Deren gedankenexperimentelle Paradoxe führten seit Bacon zu fruchtbaren wissenschaftlichen Hypothesen.
„Sinnlichkeit und Verstand müssen vermittels der transzendentalen Einbildungskraft notwendig zusammenhängen." (KrV, Leipzig 1971, S. 214)

„Das Vermögen der Assoziation Vereinbarung fremdartiger Vorstellungen der Begriffe durch den Verstand ist der schöpferische Witz" „Witz hascht nach Einfällen, Urteilskraft strebt nach Einsichten."

Kants Kritiker, Fichtes Lehrer *Maimon* wandte ein, Vernunft sei das Vermögen, zu jedem seinen jeweiligen Grund zu finden, die Imagination aber die Gabe, die Kette der Gründe aller Gründe ad infinitum zu ergänzen und die Bedingungen aller Bedingungen bis zum allerersten Unbedingten zu vervollständigen, zum vollkommenen Ganzen als bloßer Vollkommenheitsidee, der kein erfahrbares Objekt entspreche. Dieses unendliche Ganze wird in jedem romantischen Fragment nur versinnbildlicht und ironisch angedeutet als Ding an sich. In Kants dialektischen Antinomien nun gerate die Vernunft in Widerspruch nicht mit sich, sondern mit dieser „produktiven Einbildungskraft" der Perfektionsideen auf allen Gebieten. Das griff Fichte dankbar auf und ersetzte Kants reine Vernunft durch schöpferische Phantasie, will man Novalis glauben.

Kants „kopernikanische Wende" läutet dann auch das aphoristische Jahrzehnt einer „Transzendentalmoralistik" (G. Neumann) ein. Der transzendentale Subjektivismus historisierte zum ästhetischen Individualismus des „magischen Idealismus" in den ironischen Paradoxen und Selbstparodien der Frühromantiker *Novalis* und *Fr. Schlegel*, die in jedem endlichen Fragment immer schon das unend-

lich Absolute andeuten. Dabei waren die naturphilo-
sophischen Fragmente wohl eher naturästhetische
Analogien und überzeugen so wenig wie *Schellings*
spekulative Polaritäten und Potenzen. Der Romanti-
ker sagt etwas Bedingtes und lässt ironisch durch-
blicken, dass er damit Unbedingtes meint. „Der
Witz ist das Prinzip und Organ der Universal-
philosophie." „Die eigentliche Form der Universal-
philosophie sind Fragmente … Aphorismen als Notizen der innern Symphilosophie." „Poesie und Philosophie sollen vereinigt sein." *(Friedrich von
Schlegel)* „Wir *suchen* überall das Unbedingte und
finden immer nur Dinge." „Jeder Satz muß einen
selbständigen Charakter haben – ein selbständiges
Individuum, Hülle eines witzigen Einfalls sein."
(Novalis) Und jedes einzelne Fragment als witzige
„Einheit des Entgegengesetzten" bildet bei den
Frühromantikern eine indirekte „Allegorie" des
absoluten Systems. Jeder Satz habe seinen Gegen-
satz in sich selbst, jedes Urteil sei über sein Gegenteil mit sich selbst logisch zusammengeschlossen,
jedes Ich habe sein Nicht-Ich in sich. Der junge
Schlegel der Ironien und Paradoxien hängt mit dem
alten katholischen Schlegel zusammen durch die
Fragmente der „Philosophischen Lehrjahre" aus:
Kritische Ausgabe, Band 18/19.

„Diese Form, die Ironie, hat zum Anführer Friedrich
von Schlegel. Das Subjekt weiß sich in sich als das
Absolute, alles andere ist ihm eitel: alle Bestim-
mungen, die es sich vom Rechten, Guten macht,

weiß es auch wieder zu zerstören. Alles kann es sich vormachen; es ist aber nur Eitles, Heuchelei und Frechheit. Die Ironie wie ihre Meisterschaft über alles dieses; es ist ihr Ernst mit nichts es ist ein Spiel mit allen Formen … Die Dialektik ist das Letzte, um sich zu erheben und zu erhalten … weder Poesie noch Philosophie." (Hegel : „Vorlesungen über die Geschichte der Philosophie", Frankfurt 1871, Werke Band 20, S. 416 ff.) „Die Marotte des Selbstdenkens ist, daß jeder Abgeschmackteres hervorbringt als ein anderer … Die Extravaganz der Subjektivität wird häufig Verrücktheit; bleibt sie im Gedanken, so ist sie im Wirbel des reflektierenden Verstandes befangen, der immer gegen sich negativ ist." (Hegel, a.a.O., S. 418)

Die dialektische Identität-im-Selbstwiderspruch gerät da zum aphoristischen Paradox oder zum Weltsystem. *Hegel* versuchte dann vergeblich, diese fragmentierten Ideen wieder einzufangen, systematisch zu zähmen und dialektisch zu überbieten. Der Geistesphilosoph wurde später aber eher vom einzelwissenschaftlichen Empirismus, marxistischen Materialismus und existenzialistischen Individualismus verdrängt als vom sentenziösen Esprit. Das änderte sich noch nicht unter Schopenhauers moralistischem Voluntarismus, sondern erst unter Nietzsches überfragmentierter Macht- und Lebensphilosophie, die Geist durch Esprit ersetzt.

„Der Philosoph vergesse nie, daß er eine Kunst treibt und keine Wissenschaft." *(A. Schopenhauer)*
„Mit der Vollständigkeit fällt auch die systematische Anordnung weg, die Langeweile … Vielleicht sollte jeder Schriftsteller eine gewisse Spur der Verwandtschaft mit jenem Lapidarstil tragen, der ja aller ihrer Ahnherr ist", schrieb Schopenhauer, der ja eine Sentenz nach der anderen systematisch verkettete. („Über Schriftstellerei und Stil", Parerga, B II)

John Stewart Mills „induktive Logik" ließ 1836 die aphoristische Lebensweltweisheit neben der wissenschaftlichen Objektivierung als gleichwertig gelten.

Kierkegaards dialektische Theologie war individualistischer Einspruch gegen Hegels objektiven Allgemeinheitsgeist und machte Existenz moralistisch.

Dilthey rehabilitierte im „Leben Schleiermachers" auch Schlegels frühromantische Fragmente in geisteswissenschaftlicher Spannung zwischen idiographischem Verstehen und nomothetischem Erklären.

H. Cohens logischer Neukantianismus sah das Reale à la Leibniz nur als Idee des unendlich Kleinen.

Wittgensteins logischer Atomismus in Fragmenten sollte die „entfremdete Subjektivität" der solipsistischen „Privatsprachen" ja überkompensieren. Was nicht der Fall ist, das in Logik und Physik „Unaussprechliche", „zeigt" sich nur indirekt im Fragment.

Auch *Jaspers'* „Existenzvergewisserung" in „Chiffren der Transzendenz" funktionierten eher aphoristisch als argumentativ kohärent oder visionär prophetisch. (Aphorismen argumentieren nicht, denn Gründe bleiben laut Hegel der Sache äußerlich und lassen sich für alles finden, auch und gerade für die Unwahrheiten.)

Erst *Adornos* „negative Dialektik" gegen Hegels voreilige Versöhnungssynthesen verbanden Marx, Schopenhauer, Nietzsche und Freud zu rationaler Kritik der instrumentellen Vernunft und zu aphoristischer Kritik geistiger und sozialer Zwangssysteme, die der rechte Heidegger und der linke Sartre gerechtfertigt hatten.
„Verschwindet heute das Subjekt, so nehmen es die Aphorismen es schwer, dass „das Verschwindende selbst als wesentlich zu betrachten" sei. Sie insistieren in Opposition zu Hegels Verfahren und gleichwohl in Konsequenz seines Gedankens auf der Negativität."
(Th. W. Adorno im Vorwort zu „Minima moralia")
Der Aphorismus „setzt die eingeschliffene und auch nützliche Ansicht vom Sachverhalt in Frage. Er möchte etwas von der Deformation wiedergutmachen, welche der herrschaftliche Geist dem Gedachten antut. Er zielt auf die Negation abschlußhaften Denkens … benennt das Prinzip dessen, was die Prinzipien negiert … Das aphoristische Denken war von jeher nonkonformistisch. Darum ist es bei den offiziellen Wissenschaften und der Philosophie in

Verruf geraten, ist als unverbindlich, unverantwortlich, feuilletonistisch diffamiert worden." (Vorwort zu Heinz Krüger : „Über den Aphorismus als philosophische Form", 1957)

Ähnlich gebaut wie Adornos Begriff des begriffsstutzigen „Nichtidentischen" ist *Schopenhauers* Begriff vom Witz als einer „Inkongruenz von Anschauung und Denken". Eine konkrete Anschauung falle unter einen Allgemeinbegriff, dem sie gleichwohl satirisch widerspreche, und diese Differenz wirke lächerlich und werde weggelacht.

Der poststrukturalistische Dekonstruktivist *Jacques Derrida* schrieb 1979 gegen alle logozentrischen Bezugssysteme : „Toute écriture est aphoristique."

„Der Schock des drohenden und gerade noch abgefangenen Durchbruchs in primitive Gegenwart gibt es auch ... bei jedem kapierten Witz, ... und so pflegt es sich auch beim bloß zündenden Aphorismus zu verhalten." (*H. Schmitz*, Brief 18. 08. 1993)

Für *Nietzsche* „macht die aphoristische Form Schwierigkeit: sie liegt darin, daß man die Form heute nicht schwer genug nimmt." („Genealogie der Moral") „Der Aphorismus, die Sentenz, in denen ich als der erste unter Deutschen Meister bin, sind die Formen der ‚Ewigkeit'; mein Ehrgeiz ist, in zehn Sätzen zu sagen, ... was jeder andere in einem Buch *nicht* sagt." („Götzendämmerung", Nr. 51) „Der

Wille zum System ist Mangel an Rechtschaffenheit
… Die tiefsten und unerschöpflichsten Bücher wer-
den wohl immer etwas von dem aphoristischen und
plötzlichen Charakter von Pascals Pensées haben."
„Larochefoucauld, La Bruyère … Vauvenargues,
Chamfort … sie enthalten mehr wirkliche Gedanken
als alle Bücher deutscher Philosophen zusammen;
Gedanken von der Art, die Gedanken macht." („Der
Wanderer und sein Schatten", Nr. 214) „Von der
Kunst aus kann man dann leichter in eine wirklich
befreiende philosophische Wissenschaft überge-
hen." „Die Kunst ist mehr wert als die Wahrheit."

Kultur- und Humanwissenschaften sind in moralisti-
scher „Menschenkunde" immer gut aufgehoben.

Eine gnomische Enzyklopädie der Künste und Wissenschaften umfasst Aphorismen aus und zu (fast)
allen Einzeldisziplinen : Poetische Kommentare zu
ihren Methoden und Resultaten, philosophisch reflektiert. Die einstige Funktion des Forschungsaphorismus gegen Scholastiksysteme wich poetischem
Kommentar zum naturwissenschaftlichen Technik-
Industrialismus und geistreichen Reflexionen zu
Geisteswissenschaften in Philosophie, Psychologie,
Soziologe, Medientheorien, Pädagogik, Theologie,
Kultur- und Kommuniaktionswissenschaften, Ökonomie und Ökologie, Staat und Politik, Recht und
Moral, Kunst und Ästhetik, Technologien …

Vorerste Worte für die nachletzten Dinge

„Deshalb kann man aus den Werken Adornos keine andere Lehre ziehen als die, den darin vorgeführten dialektischen Prozeß fortzusetzen." („Adorno-Portraits", FF/M 2007, 30) „Kraft des Widerstands, die im Gedanken selbst steckt." *(Adorno, 1963)*

Bibel : „Auf diesen Felsen will ich meine Kirche bauen." Sein Wort zerschmeißt Felsen, sagt Er.

Je schlechter es dir geht, desto gesünder ist die Allgemeinheit und desto besser dienst du dem Gemeinwohl.

Genussmenschen wie Voltaire finden die Natur schlecht, Tugendbolde wie Rousseau reden die Kultur schlecht.

Freiheit tanzt auf Grenzlinien zwischen Feindesländern.

Weltklimaziel gegen die energiesparende Erderhitzung : Neue Eiszeit und Kalter Krieg, mehr coole Kids und frigide Frauen.

Was wird in vergangenen Jahren passiert sein, und was geschah übermorgen?

Popmusik : Amusische haben Krach mit Musen.

„Jeder trage des anderen Last", doch Respekt nehme niemandem die Qual der Wahl ab.

Ökonomie heißt Wirtschaft. Das war einst eine Gastwirtschaft mit Herberge und oft ein Bordell. Wer muss sich auf freiem Markt *nie* verkaufen?

Aphorismen werden in Paris kritisiert durch bessere, in Berlin aber zerredet durch Fakten.

Mancher Philosoph ist schon für jeden,
der gegen alle ist, die für oder wider etwas sind.

Wer erbt den Verrat an seinem Erbe?

In Berlin wird ein Buch von Kritikern durch
Kritiken vernichtet, in Paris von Kritiken
durch Kritiker.

Parias und Parvenüs. Erst schützte der hiesige
Schutzmann die Eingeborenen vor „Fremden“,
dann die Umwelt vor „Schöpfungsvernichtern“.

Geh eigenen Einfällen nicht in die Falle! Kein
Lehrer, der etwas zu sagen hätte, hat Rechte.

Erfinde dich mal neu als Eingeborenen
oder Schicksalsopfer!

Spiel, Satz und Pyrrhussieg

Ethik und Moral verurteilen einander
oft mehr als Recht und Unrecht.

Tuis reden gern mit Nicht-*Tuis* über nicht zur
Räson gebrachtes Räsonnement von Anti-*Tuis*.

Wie richtig denkt, wer *kein richtiges Leben im
falschen* sieht? Wie gut steht, wer Gutes gegen
Ungutes stellt?
.

11. Feuerbachthese : Es kömmt nicht darauf an,
die Halbwelt zu verändern, sondern Änderungen
an ihren Dauerveränderungen zu interpretieren.

Macht ihr Leben, das ihr sterben lasst,
oder macht ihr tot, was ihr leben lasst?

Pegasusreiter wollen Enttäuschte vortäuschen
und sollen doch Rosstäuscher enttäuschen.

Sind Dichter in Form, Kuchenformen zu bilden,
und was bringt uns in Form,
sie in Uniform zu bringen?

Ich mache Aufbaupläne, die etwas niederreißen,
ohne durch Abrisspläne etwas hochzuziehen.

Der *Mehrwert* der Sklavenarbeit von
"Minderwertigen" wird weiter erschöpfend
abgeschöpft von wertschöpferisch Untätigen.

Leben ist untoter Wechsel von o.k. und k.o.

Der Kinderwunsch ist der Doktorvater
der Hintergedankenfreiheit.

Spezialisten für Sozialsysteme globalisieren
die menschlichen Individualisierungen,
doch denkt der Rebell das *Scheißsystem*
weder differenziert noch umfassend genug?

Künstler kommunizieren nicht gegeneinander,
sondern gegen Kommunikation miteinander.

Jeder ist ein Schatz mit Schätzwert. Sein Wort-
schatz beurteilt meine Schatztruhen abschätzig.

Nordamerika war uns stets voraus, erst durch
indianische Nomaden, dann durch Revolution
von 1776, Vorbild für Napoleons Europavision,
und dann durch Technologien – doch nun?

Judas soll *Zelot* gewesen sein, der Jesum zum
Volksaufstand gegen Rom treiben wollte, doch
Christi Gottesreich war nicht von dieser Welt.

Intellekt experimentiert intelligent mit Gefühlen,
Theorie praktisch mit sich selbst.

Hedonismus : Heroismus der Genußspiritisten,
Körnerfresser und Gesundheitskoitierer.

Es ist kein Unsinn, *Nonsens* zu schreiben,
doch Schwachsinn, ohne Feinsein zu lesen.

Was morgen sein wird, bewegt mich weniger,
als wie es morgen wohl gewesen sein wird
von übermorgen und vorgestern aus.

Reduktion eines Themas auf moralische Aspekte
wird leicht unmoralisch.

Manches Buch ist keine Verrisse wert
und wird besser schweigend totgelobt.

Welche Gnade, sich auch nur siebzig Jahre
langweilen zu dürfen, und welche Strafe, sich
auch sieben Jahre lang amüsieren zu müssen!

Teil eines Ganzen ist jeder nur
als Ganzes seiner Teile – und umgekehrt.

Der *kleine Unterschied* hat heute weibliche
Schiedsrichter : Unterschiedsrichter_Innen.

Phantasie, die begreift, ergreift Theoretiker,
und Theorie, die ergreift, begreift die Phantasten.

Vatermord besteht heute darin, das *Über-Ich*
abzuschaffen als *rigide* Repressalie, um wieder
allein(s) zu sein mit Mamas unbewusstem *Es*.

„Wenn ich nicht tot bin, was ist dann tot?" *(Döblin, 1943)*
„Unsterblich werden und dann sterben!"

Originell werden heißt,
Größere lange genug nachzuahmen.

Freud stellte den Patienten bis auf die Knochen
in Frage, natürlich nur zu *seinem* Besten.

Gegen Liebe zwischen Analytiker und Patient ist
kein *Freud* gewachsen, doch auch gegen *Freud*
keine Liebesfreude, die vor ihm nur flüchtet.

Nennt ein Esel sich Esel, ist er edel.
Nenn ich ihn Esel, bin ich ein Ekel.

Zu Macht- und Widerwort kommen heißt
zur Halb- und Unterwelt kommen.

Arbeitstiere leben von Nutztieren
und sind Nutztiere hoher Tiere und Untiere.

Meine schlechtesten Aphorismen zeigen mehr gute Gesinnung als Biss und Witz.

Den harten logi(sti)schen Kern umspielen poetische Naturidyllen, aphoristische Kultursatiren und psychoanalytische Philosophiedeutungen.

Dass dein Glück auf dem Unglück so vieler Menschen ruht, auch ungewollt, sollte dir wenigstens zuweilen etwas den Appetit verderben.

Ich reise nicht nach Frankreich, ich lese Chamfort und Sartre. Ich fahre nicht nach England, ich lese Hume und Dickens. Ich fahre nicht nach Amerika, ich lese James und Bellow …

Am Busen der Mutter Natur nuckeln Große wie Kleine, um nicht wissensdurstig die Milch der väterlichen Denkungsart trinken zu müssen.

Handeln muss man immer nur nach Handeln,
nie nach Niehandeln.

Was du für wichtig hältst, behältst du auch.
Der Rest geht dir durch den Kopf – hindurch.

Das einzige Buch des Schöpfers ist allgemein-
verständlicher als seine Schöpfung und Er selbst.

Was kost' die Welt, von der du kostest in der
Feinkost-Bar : Ist Kostbares bar aller Kosten?

Als Kostbarstes gilt, was nur ein einziger
Mensch herstellen kann. Als Wertlosestes gilt,
was nur ein einziger Gott erschaffen kann.

Konservative konversieren am liebsten
über Servilität von Weltkonserven.

Ich reg mich und dich gern auf. Das belebt so.

Ist die Hoffnung, dass die Welt einst verbessert
wird, begründeter als die Existenz Gottes?

Kinderquatsch ist die Sehnsucht
von allem Sinn und Verstand.

Yoga : Spiritual-Joghurt, auch ind. Yogi-Bärin.

Old Shatterhand und Winnetou. Diskriminiert
es, *„gay guys“* diskriminierend zu nennen?

Der *Atlantik* ist in Atlanten ein tiefes Meer,
das drei Kontinente eher trennt als verbindet
und *Atlantis* nie verschlang – benannt nach
Titan *Atlas*, der das Himmelszelt stützt.

Der Querkopf wird zum Quertreiber, der
sich nur treiben lässt in einer verqueren Welt.

Wahl-O-Mat 2020 : Entscheidungshilfe bei der
Lebensabschnittspartnerwahl.

Personen werden taxiert und befördert
zu Ubermenschen, die bald jedes Ubermaß
an PKW uberschreiten.

Jede Chronik wird zur Geisteskrankheit,
da Kronos seine Kinder chronisch frisst.

Mein Wort will keine Leser verletzen,
sondern nur ihr dickes Fell zeigen.

Sekundärliteratur zum Aphorismus

Gerhard Neumann (Hg.): „Der Aphorismus.
Zur Geschichte, zu den Formen und Möglichkeiten
einer literarischen Gattung", Darmstadt 1976

„Ideenparadiese. Untersuchungen zur Aphoristik
von Lichtenberg, Novalis, Friedrich Schlegel und
Goethe", München 1976

Peter Krupka: „Der polnische Aphorismus",
München 1976

Hans Peter Balmer: „Philosophie der menschlichen
Dinge. Die europäische Moralistik", Bern 1981

Harald Fricke: „Aphorismus", Stuttgart 1984

Gisela Febel: „Aphoristik in Deutschland und
Frankreich", Frankfurt/Main 1985

Klaus von Welser: "Die Sprache des Aphorismus",
Frankfurt/M. 1986

Heinz Krüger: „Über den Aphorismus
als philosophische Form", Frankfurt/M. 1988

Werner Helmich: „Der moderne französische
Aphorismus", Tübingen 1991

Stefan Fedler: „Der Aphorismus. Begriffsspiel zwischen Philosophie und Poesie", Stuttgart 1992

Paul Geyer / Roland Hagenbüchle: „Das Paradox", Tübingen 1992, Würzburg 2002²

Thomas Stölzel: „Rohe und polierte Gedanken. Studien zur Wirkungsweise aphoristischer Texte", Freiburg 1998

Lada Lubimova: „Struktur und Funktion des Aphorismus : eine textlinguistische Studie", Bremen 1998

Robert Zimmer: „Die europäischen Moralisten", Hamburg 1999

Michael Esders: „Begriffs-Gesten. Philosophie als Kurze Prosa von Friedrich Schlegel bis Adorno", Frankfurt/Main 2000

Rüdiger Zymner: „Aphorismus", In: Kleine literarische Formen in Einzeldarstellungen, Stuttgart 2002

Friedemann Spicker: „Kurze Geschichte des deutschen Aphorismus", Tübingen 2007

„Die Welt ist voller Sprüche. Große Aphoristiker im Porträt", Bochum 2010

Andreas Egert: „Der Fall Aphorismus. Zur Genese und Aktualität einer Gattung", Dresden 2015

Fragmente und Aufzeichnungen

Alain (Émile-Auguste Chartier) : „Propos"
Günther Anders : „Philosophische Stenogramme"
Hans Blumenberg : „Lebensthemen"
Gilbert K. Chesterton : „Aphorismen und Paradoxa"
E. M. Cioran : „Zersplitternde Gewissheiten"
Nicolás Gómez Dávila : „Auf verlorenem Posten"
Heimito von Doderer : „Repertorium"
Balthasar Gracian : „Handorakel"
Peter Handke : „Am Felsfenster morgens"
Friedrich Hebbel : „Tagebücher"
Günther Kunert : „Die Botschaft des Hotelzimmers an den Gast"
Montesquieu : „Meine Gedanken"
Henry de Montherlant : „Tagebücher 1930-1944"
Jules Renard : „Ideen, in Tinte getaucht"
Henning Ritter : „Notizhefte"
Schopenhauer : „Aphorismen zur Lebensweisheit"
K. J. Weber : „Demokritos, der lachende Philosoph"

Albert Menne : „Einführung in die formale Logik"
Arthur Schopenhauer : „Gesammelte Werke"
Michel de Montaigne : „Essais"
Theodor W. Adorno : „Ästhetische Theorie"
Helmut J. Schneider : „Idyllen der Deutschen"
Jean-Paul Sartre : „Situationen, IV"
Max Horkheimer : „Notizen 1949 - 1974"
Johannes Gross : „Notizbücher" (I - IV)

Was nicht Physik ist, das ist Privatsprache
Kinderspiel

F : Weibliches Kind
M : Männliches Kind

(Das Telefon läutet mehrmals vergeblich.)

M: Lingelingeling, der Wecker geht …
Isepub maaal uhuhfsteht ... ling ling ling ...
F: Willlt nich ... lattet sie ... lattet sie tuprieden ...
M: Lieben kleinen Süten, bittsehr. Gaffee mit Butter und Mümmelade, bittsehr, uhffstehn ...
F: Holt sie da doch endlich raut ... sie kannich uffwachen, sie hat tüchtige Alpis ... Dzaaaa ... zieht ihr langsam die Decke weg .... aber vorsischchen, nich so abruptepub ... sie isss noch so empindlich .... säuselt sie raus ....
M: Seehht, da ist siel !
Zehnfrau, die Rundum-Prächtigzarte !!
F: Hiiijaaa, da ist sie wieder! Aber sie willt doch gar nich... Geeten Morgen, Welt, hier ist die Zen-Ise und wer seid Ihr? Tut sie doch hintern Ofen, lattet sie da nicht raut!
M: Nich nur die lieb´n Fraudis hintern Ofen, auch

die beesen Mandis.

F: Neiiin!! Mandis missen abbeitgehn, damit die kleinen Fraudis hintern Ofen kennen.

M: Unn die Manndis?

F: Die freun sich denn, wenn´se ahms heimi kommn und alles iss scheen fertig und saubend und blitzt und Speisung iss uff´n Tisch und die kleinen süten Fraun sind ausgeruht zum Uffge-spiesenwerden, iss das nich scheen?

M: Iiiisss guuut !! Und nuuuun missen die beiden inne beese Welt raut!

F: Ganz beese, nich?

M: Will Mutter Rumpel denn gar kein Gaffee drinken mit Vater Pumpel?

F: Zieht sie doch raut hier!! Huuh, kalde!

M: Bitterlich?

F: Sehr bitterlich, lieber MuKuh. Kalde Welt drauten. Zu bitterlich.

M: Kein Harmi & Atmi drauten.

F: Alles Unbrutt und sehr sehr beese!

M: Milde leuchten die Knulles.

F: Das darf man gar nich, die kleinen Fraun so anspinxen.

M: Wrum nich?

F: Macht hasenheiß, da kann sie nich abbeitn nachher.

M: Ich saach Euch eins! Wenn Ihr nicht zuuufort

uffsteht, dann werdet Ihr ganz einfach uffgespiesen. Heert Ihr das?

F: Heute Abend muß sie aber mal wieder geno-
hmn werden.

M: Heutabend brutten wir uns gemietlich ein und
molschen.

F: Dein Köppchen an meine Kniulles, machen wir uns
das fett, nich? Aber nun muß sie hoch ... lattet sie los

M: Der einzige Lichtblick, daß heute Freitag ist.

F: Zweimal lange ausmutzen.

M: Ich hab jetzt schon Angst vor Montagfrüh.
Je scheener das Wochenende ...

F: Besser, das Wochenende ist nicht zu scheen.
Was machen wir denn bloß morgen und übermorgen?

M: Weiß noch nich. Vielleicht die Wills besuchen
fahrn? Ach$_f$ die sind doch alle inne Familie mit
ihre Kindis zugange.

M: Die wolln uns auch nich schon wieder habn,
da war´n wir doch erst letzte Woche.

F: Ich mechte auch´n Piesepeusken hamn, so´n
kleines knuhliges. Aus'n Heim eines. Wo sie doch
keine Kindis mehr kriegen kann, wo alles wegope-
riert iss.

M: Sie ist die Sankta Operatia : Hiiijaaa!

F: Warum darf sie nich hintern Ofen mit´n Kindi
aus´m Heim??

M: Du weiß doch, warum nich.

F: Nich weinen, sie hat doch das nich so gemeint, sie weiß das doch, sie wollt das doch nur mal so sagen, lass sie doch mal einfach son bittchen spinnen...

M: Er kippt doch denn um, Ihr wißt doch, Fraun, daß er das nich kann!

F: Er braucht keine Angst ham, sie will ja gar nich richtig, sie kann das doch selbs nich, sie mit Ihre Zustände und so ...

M: Ne kleine Görtrud muß sie sich ausn Köppchen und Bäuchi schlagn.

F: Auch nich ein'n ausn Heim? Son Wonneproppen? M: Dann macht er : Uaaaaahhh-Bumm! und kippt ausse Laatschen und muß inne Klapse und kricht sein Lahmarsch nie mehr hoch wieder.

F: Für mir brauchs du kein von diese Bullymänner zu werden, die kann ich sowennso nich verknusen. Guck, sie iss ja auch nur'n kleines Pusselchen, und sie brauch auch kein liebe Junge. Sie hat ja schon ein'n zuhause....

M: Siehduwohl, nun sachses selbs!

F: So mein ich das doch nich. Du biss meine gute Benzugsperson, und wir glucken und brutten immer so scheen in unsere Atmi-Bude hier, und du kanns ruhig kleine Breetchen backen, immer.

M: Du biss mein liebes Gesicht.

F: Sie iss die Idjebiedjemineahntebedschiiih,
die Muttend ...

M: Für Vater Ahnteppe Buhtiffjou.
Sie ist die Dotterfrisch- und- Herrlichzarte ...

F: Seht doch, wie alde sie schon iss, mit zieselige
Wurstarme! Wenn sie morgens mal nich mehr uff-
wacht

M: Du dumme Frau !

F: Dann solls du dir ne Dicke nehmn und damit
glicklich werdn, heerst du, glick, glick, glicklich zu
sein ...   Hör mal, sollte wir nicht endlich mal, ich
meine, es braucht ja nicht gleich ... aber man müßte doch
langsam ... also, ganz im Ernst jetzt ... wir sind doch verrückt ... verrückt nacheinander ... wir werden verrückt,
einer nach dem anderen, wenn wir nicht ... hör zu ...

M: Sowas darfs du nich sagn. Du muß immer deine
Spurpillen nehmn, denn hamm wir auch immer
Gluckbrutt, wir beidn.

F: Nuun iss aaaalles wieder gut, nech?

M: Ibendhaupt nich mehr boise, nich? Nix demacht!

F: Aber sie hat ja immer noch Angs, daß er schneller heile wird als sie, und sie kann nich mit, und denn
kommt soo ne dicke Schlange angerauscht und wi-
ckelt dir ein und speist dir uff ...

M: Ein Uffspeise-Maulwürfchen da unten macht
noch keine Zehn-Frau, und jetzt solls du nich mehr
kaakeln und specktakeln und mirakeln ...

F: Tiidel nich immer so seidenweich an ihr rum ... fest und bestimmt, bittsehr'... aber nur'n bittchen ... biddu abgewildet? Oder iss sie zu knallfallbums?

M: „Bei mir iss alles nur Schau...“

F: ich bin keine richtige Frau. Was mach ich jetzt für ein Gesicht?

M: Ich bin so unnatürlich, nicht?

Bin ich zu enthüllt?

F: Bin ich nicht zu wild?

Ich fühl mich so verkommen

M: ... und einfach nur so hergenommen.

Bist du mir jetzt beese?

F: Ich bin heut so nervös.

Ich bin ja nicht mehr knackfrisch ...

M: und trotzdem noch ein Backfisch.

Ach, süße Qual

F: ... hau mir mal! Ich bin verkrampft und aufgedreht.

M: Wenn Pappi doch nur abhaun tat.

Ich kann mich nicht natürlich geben.

F: ... Ich will doch wie die andern leben.

Ich lieb dich doch so sehr ...

M: Wenn nur Igittigitt nicht war.

Wird es dir nicht zu viel,

F: ... wenn ich mit deinem Bürgermeister spie?

Geh ich dir auf die Nerven?

M : Mußt mir aus Betti werfen. Ach, süße Qual ...

F : hau mich mal! Ach Scheiß ...

M : Ich bin zu dir zu eisch.

F : Wwwaaaaaassssss ?!

M : Schon gut, schon gut, ich wollte nur mal ... also, schön ...

F: Vorm Boß hab Ich Manschetten.

M: Red nich immer so hempelig. Sei kulti!

F: Huchchh, sie iss wohl nur Sandsack-Erotik?!

M: Hau dir nich immer, du biss mein Achmed Gemurkelf, guck, ich mach auch Sterbepub für dir, sonst kommt von mir Lahmarsch ja nix.

F: Ich sach dir eins: halt dir zurick oder ...

M: Oder?!

F: oder du werst uffgespiesen.

Unter dem Siegel der Bestiegenheitl

M: Huuh, nun muß ich wohl denken, daß ich uffgespiesen werden will!

F: Was anneres wills du ja doch nich von mir. Mein kleinpruckeliges Gejecke ausse Firma, da schaltes du ja doch ab und verkriechs dir hinter deine Bööökers. Mein hempeligen Klatsch und Tratsch iss ja nix für so´n drohten Geist ...

M: Herr Busenräder hat zu Herrn Paffleck gesagt,daß Frau Kadoof immer Herrn Dietsemeier durche dünne Bluse gucken läßt, damit Herr Bartels Herrn Kimme weitererzählt, daß Frau Keese vor Herrn Pustenrede zittert, weil Herr Naumann statt Herr Rademacher sie beflirtet und angeliebt hat, damit Fräulein Rentier giftet, wenn Herr Barteweck ausplaudert, daß Frau Jockes rechter Titt nach einer Operation plötzlich fehlt, nachdem sie mit Herrn Kimme innen Keller gegangen ist, während der Bürozeit …

M: Biddu der liebe Immernoch, der Achduliebezeit?

F: Mutt immer auf mir uffpassen, daß sie nich in'n Wald kommt. Klettet sie auch nich zu tüchtig an ihn?

F: Ich sach dir eins, du Schafsköppigen: Immer müßt ihr sie mindachten! Iss sie sein dickes Madamchen? Issie doch, nech?

M: Dsaaaah! Sein dickes Matrönchen issie.

Vöglein, Vöglein an der Wand,

wo ist die Ise hier im Land?

F: Seht, hier ist sie! — Nun weissie nix mehr.

M: Das dicke Madamchen mit Kugelköppchen.

F: Na, das glaubt man nich!

Die Menschen sind soo dummm!

M: Und er hat so´n dickes Bäuchi und kann nich schieten.

F: Nich hinten raut? Kommt, Gesellen Würste, kommt!

M: Fenster uff! Es mufft!

Die zwei Schnakis versticken sons.

F: Hört ihr´s?

M: Was?

F: Der Winter kommt, die Raab-Raabs sind da. Hehrt ihr sie nich?

M: Und wir ham immer noch kein eigenes Häusi. Nur ne lochartige Atmi-Bude. Wo sie doch immer was Großmannsüchtiges ham will!

F: Sie muß <u>auch</u> sowas habn. Ise aauuuch!

M: Ja, nehmt sie ibendall mit. Stellt sie nich inne Ecke. Huuuhh, er kann ihr wohl nix bieten in Leben!?

F: Mutt nich sowas sagn, das macht sie bitterlichst. Er brauch gar nix, sach er sich das immer. Und wenn er sie nich heiratn kann, dann iss auch gut, sie geht ja nich weg. Wo soll sie denn hin, es nimmt sie doch keiner mehr, wo sie bald vierzig iss. Und diese verkorksten Junggesellen, die da jetz noch rummlaufn, die will sie auch nich. Seht sie doch an mit ihre Grauies aufn Kopp und die schlechte Zieselhaut und die ganzen Krumpelfalten ibendall...

M: Er hat sie doch so lieb, die Seres Ibendhaupt.

F: Aber sie iss nich sein Typ!

M: Du immer mit dein Typ!

F: Sach doch, daß dir was an mir fehlt. Immer behandeis du mir wie[1]n kleines Medschen, das man schonen muß, wie[1]n Idi ausse Klapsmühle« Wie soll ich denne Zehn-Frau wern bei so einen wie dir!?

M: Du biss ja ne Zehn-Frau, aber du hastn klapperigen Mann abgekriegt, der nur brutten kann und immer nur Genständnis hat für alles und sein Arsch nich hochkriegt und immer nur Depris hat ...

F: Bei dir bin ich immo gut uffgehobn, das. macht

alles nix. Du bissn groten Geist und ich[f]n kleines Isepübchen. Du hass[1] deine Bööker, auf die ich immer eifensüchtig bin. Ich bin so´n Kleinpruckeligen, der immer nur stickt und stickt und dieses kleinpruckelige Zeugs ausse Firma erzählt.

M : Aber ich will doch gar kein annern ham! *Ein* Spinnerten inne Familie genügt ja wirklich. Du machs mich immer so scheene Anspeisungen und Amoures, und mir fehlt werklich nix.

F: Das sachs du nur so. Warum läufsdu nich weg? Wo sie doch immer so ützig iss und so viel keift und Zustände hat midde Manndis. Sie iss keine Frau, mit dieses weibliche Getüdel und so, sie schießt mit alles so raus und kann sich nich zurücknehmn, sie iss so´n Bullerballer und nich so'n Feinen wie er. Männer! Das iss aber auch was! Nur weilse da unten so´n Max habn. Dafür habt ihr man keine schönen Knulles. Ätschhh! Knulles oben sind viel größer als Euer Max da unten.

M: Die beiden dicken Sesemi-Weichbrot-Wönnchens werden gleich beküßt, wenn ihr da weiter noch so´n Quatsch redet, Ihr dumm[1]n Fraun! Die sind so weich und warm und weiß, daß man die immer uffspeisen will.

F: Lattet sie, lattet sie, sie ist die Isepub Kaminski. Ihr müßt sie man lassen!

M: Seht, die vorwitzigen Musicis!

Die Knautschis wundersam und herrlichzart!

F: Sons iss bei uns alles untermauert. Kann sie denn bittsehr noch eine Piefe rauchn? Hier kriecht man ja doch nix.

M: Immer die Süchteis. Du saugs dir noch selbs uff. Hier iss Feu.

F: Dank sehr, hier iss der Bittsehr.
Meine Käsemauken sind so eisbatzenkalt,
darf ich die zwischen deine Beiners stecken?

M: Huuuh, sind die kalde und naß,
die kleinen Klammis.

F: Guck doch mal die kleinen Footies, die erogenen Wohlgeformten mit die vielen kleinen Würmis dran, sind die nich scheen?

M: Dzaaaah! Wundendbare Mauklis und Viehstempel und Puddels!

F: Puuhh, aber du muffst untere Arme Wenn du mal auffe Straße umkippst, muß der Doktor dir midde Kneifzange anfassn, so muffstdu! Aber ich mag dein Muff. Werklichst!

M: Iihhhₜ Pub demacht!
Du biss beese mit dein Mucku-Minski, nich?

F: War kein Mindachtungspup,
war´n Erleichterungspup nur.

M: Na, dat weit man aber nun werklichst nich genau.

F: Huuhh, nun muß sie wohl denken,
daß sie´n Poschivoll habn muß!

M: Nein, er drickt sie nich inne Ecke, daß sie keine Luft mehr kriecht. Er sabbelt sie auch nich zusammn bis zum Gehtnichmehr, er lattet sie wie sie iss, sie muß kein Angs habn.

F: Bei ihr´n Muckuli darf sie alles, da wird sie nich zurechtgestukst. Iss sie lipp? Sie iss doch lipp, nich? Also jetzt ist Schluß, jetzt wird endlich, also, bitte das Kind du heerst mir jetzt endlich einmal zu ... wir müssen endlich ... und so, daß die das verstehen, hörst du ... nicht dauernd so ...

M : Daß ich auch ne Frau abgekriecht hab! Und sone gute Fraul Lipp und süt und adrett und patent und anstellig! Immo macht ihr euch über sie lustig, keiner nimmt sie ernst! : Klein Medchen pinkelt die groten Bullydaddies an Bein und kuckt was die denn machen, nech? . Du heirates mir ja doch nich! Huuhh, sie iss wohl noch zu krallpupig und kra- wallig, so´n keifigen Stoffel will ja keiner habn. Und der Mannde iss immer so ruhig und sanftepup und groten Geist. Und sie iss nur so'n puddeligen kleinen Braten und ne graue Maus und´n döspaddeligen Toffel, der alles forkehrt macht, nich, du dummer Mensch, du? Ja, auch aufe Abbeit kann sie nich mit de Manndis, wenn die so fett und selbstgefällig dasitzen. Da könnt sie so reinhaun. Aber das kratzt die doch gar nich, wenn sie da so rumkrakeelt mit ihr'n Gepiepse. Wenn sie wenigstens ruhig dasitzen könnte, zwei Meter vor denen ihre

Nase! Die wolln gar nix von ihr, aber ich weiß nich, wo ich hingucken soll und wo ich mich lass'n soll, wenn die nur ruhig vor sich hinabbeit'n. Immer funk ich die dazwischen, das geht ganz vonselbs, das ist sie gar nich selbs, das geht einfach so lös, von eine Sekunde zur nächsten, ohne Grund, da stör ich die mit meine Zustände, die krieg[1]n das denn ab und wiss'n gar nich, was los iss, und dann megen sie mir nich mehr leiden und tuscheln hinter mein Ricken: was iss das denn für ne alte Zirntzicke und Giftnudel, so'n kleiner Giftzwerg; die gehn nich aus mein Kopf, diese Kerle, ich kriech die nich aus mein System raus, das geht und geht und geht immer weiter, ich halt das nich mehr aus, ich muß da abhaun, das frißt mir auf ...

M: Komm zu dein Mucku-Minski und kuschel dir ganz bruttig ein hier in meine Höhle, kumm, Gesell-chen, kumm zu dein Vater Pumpe! und laß dir be-brütten und betüdeln, wird gleich bessend. Kumm ...

F: Bei dir iss viel bruttiger. Tut sie nich raut in die beese Welt! Hier wird sie wieder uff getankt, daß sie draut'n spurt und lipp iss und nich soviel rumscharn-putert. Sie iss kein Puttmacher. Sie iss doch kein Putt-macher, nich, sie iss seine liebe kleine Süte, nich?

M: Ja, sie iss sein Goldflöckchen, sein Knagezart Kempinski. Sie iss die Mutter Fitzpatrick und seine Sausezart Macintosh, die Surasemhil mit all ihre Äppi-lis und Banänlis und ihrn adligen Zappelfinger und ...

F : Huuuuh, nun muß sie wohl denken, daß, sie mal wieder bestiiieeegen werdn muß ! Eine Ansteigung, bittsehr ! Emma klar Schiff zum Gefecht. Tut die Pipips in die Höhle ! Laßt sie da nich naut ! Du liest ja gar nich. Biddu grankde ?

M : Gelöstes Spiel vonne Gliedders. Kumm, Geselle Hasenheiß, kumm, einschwingn, Mutter Malvenzahn! Pißdinger zusammnsteckn !

F : Beese, beese, boiser Max ! Bitchen nur. Vorsischchen, nur'n bitchen,

M : Kummt, Miß Wildpounds, kummt, Gesellchen propere Pucksis I (Pause)

F : Das war eine Labung ! Ricken tut ihr ganz weh, die Beiners sind ganz lahm. Sie mach garnich mehr uffe Straße, alle sehn ihr an, daß sie was demacht hat. Schämung. Und so'n tichtiges Amoure! Biddu auch entwildet?

M : Sehr tuprieden, wundendbar ! Dutdemacht und sehr anbeflutscht.

F : Haddu schon was selbend demacht ?

M : Dsaaaah l Uestern abend.

F : Muddir doch für mir uffsparn, beuser Muhkuh ! Destern abend ?

M : Du biss schon eindemützt, da war er so alleine. Aber mit ihr ebend war bessend, sehr bessend.

F : Und nuuun iss er schon wieder bei seine Bööker's und wuselt sich da in sein Lesen ein. Mindachtung für die Fraudis ! Ganz weit weg! Hier ist der *Mann vom Dienst*! Ihr mißt nich abbeitgehn !

M :   Der Mann vom Dienst lügt : Iss doch Freitag ers.

F :   Nein, Sohnabend isses, lieber Micki-Minski, der Mann vom Dienst war ebend da ! Nun muhlt sie sich ganz tieftief ein   in ihr Betti. Kumm, wir beidend, Ricken an Ricken, daß die dickn Poschis sich Gutnacht sagn kenn'n.   Heute iss Wochenende, der Mann vom Dienst hat gesacht.

(Das Telefon klingelt)

M :   Wer will da denn wieder was von einem ?
Wer das auch ist ...
F :   Paß auf ! Red vernünftig !
Reiß dich zusammen.
M : Am besten gar nicht abnehmen.
Wir sind nicht da.
F :   Nur mal hören, wer das ist.
(Sie nimmt den Telefonhörer ab)
Ja, hier Muhkuh, hmm, Monika Kaminski ... ja ... ja ... ja, ja ... ja ... nein, nein ... Ja, das ist nicht richtig ... nein, das stimmt ... ja, natürlich ... ja ... jawohl ... ja ... (legt auf)
M :   Na, wer war's denn ? (Pause) Muhhhkuhhhh!
F :   Sei nicht so kindisch. Laß mich in Ruhe. Bitte.

M : (leise) *Der Mann vom Dienst*?

(Pause)

M : Der Mann vom Dienst?

F : Sag mal, wie redest du eigentlich mit mir, du dämlicher Affenarsch, wo bin ich denn hier, leg dich gehackt, du Schwein!

M : Spiel'n wir jetzt: Kinder, die Erwachsene spielen? Au, fein!

E n d e

Psycho : Neues vom Unbewussten
Freud und Liebesfreuden

Freud zeigte, woran der sich vergeht,
der vor Angst und Lust vergeht.

Übermensch ohne Gewissen? Freuds *Über-Ich*
ist nicht der Mensch, der über sich steht oder
sich über ist und hat.

Am gemeinen Volk wie am Adel neidete und
bewunderte Freud die allgemeine Hemmungs-
losigkeit.

Zwangsneurose? Freud befreit mich von seinem
Komplex, dass Religion mein Komplex ist.

Tiefenpsychologie ist kein Umweg vom
Krankenbett über Freuds Sofa ins Himmel-
und Lotterbett.

Marry the christmiss. Jesus liebte seinen himm-lischen Vater und hasste seine leibliche Mutter. Freud hätte ihn behandelt.

Psychoanalyse ist Passion für fremde Passio-nen, soweit sie (die Zensur) nicht passieren, und nicht die Wissenschaft von Freuds Seele.

Psychologie ist oft ein Versuch,
die menschliche Seele zu umgehen.

Psychologen sind sehr kreativ darin, Leute nicht zu verstehen, die sich in Meisterwerken und nicht nur in Kleisterworten ausdrücken können.

Psychologen, die Moralisten nicht überflüssig machen, sind fast überflüssig.

Unterschenkel unterm Unterleib. Unbewusstes verhält sich zu Unterbewusstem wie Unordnung zu Unterordnung.

Was gegen den Bewusstseinsstrom schwimmt,
muss nicht unbewusst sein.

Freud legte unsere Scheiße
und unser Schweigen auf die Goldwaage.

Freud 2020 : Der Moraltrieb wird heute
verdrängt von Sexual- und Kapitalpflichten.

Amor läuft Amok : Der Lustmord ist ein Freudscher Verlieber und Mordsspaß ein Freudscher
Verhasser.

Je unbewusster, desto selbstbewusster.

Wissen ist Macht,
doch Unbewusstes nicht ohnmächtig.

Die schlimmsten Neurotiker liegen nicht auf
Freuds Couch : Am meisten leiden wir unter
denen, die weder unter uns noch unter sich
selbst leiden.

Nach Freud kann das Innere mehr trügen
als das Äußere.

Heute verdrängt man alles ins Öffentliche.

Auf Freuds Couch beichtet jeder die Sünden,
die er nicht zu begehen wagt.

Freud dachte hoch von den Menschen:
Sie halten ihre Versprecher.

Seit Freud wissen wir, was die Wirklichkeit
von den Idealen trennt : die Inzestschranke.

Seit Eros überall ist, wo keiner ihn vermutet, ist
er nur nicht mehr dort, wo jeder ihn vermutet.

Freud träumte nicht von Weltveränderungen,
veränderte aber unsere weltlichsten Träume.

Irrenanstalten sind noch keine Freud-Häuser.

Jung zu Freud hat nie gereut.

Marx und Freud streiten sich, ob wir erst
Lebensmittel erzeugen oder uns zeugen müssen.

Freud ist der Erfinder des Unbewussten, ohne
dessen Wissen nichts geschieht? Ich habe im
Unterbewusstsein nicht diese Sauereien der
Psychotherapeuten : Ich liebe Mutter Natur, und
Gottvater ist für mich schon lange gestorben.

Das Leben ist ein Traum, sagten die Alten —
und lebten. Träume sind Wunscherfüllungen,
sagte Freud – und träumte.

Wurde Freud Propagandist: Weil schöne Träume auf die hässliche Realität hindeuten, deuten
unsere Alpträume auf eine schöne Wirklichkeit?

Psychotherapeuten leihen uns ihr Ohr
zu Wucherpreisen, um uns zu dem
zu überreden, was wir sowieso wollen.

Freud 2020 : Fresstrieb, Wollustlosigkeit und Geltungsdrang sind weiter unverdrängbar, und im Oberstübchen des Untertans wohnt noch der Unterleib der Obrigkeit.

Welcher Freud wird aus der Frühkindheit des Künstlers seine Werke voraussagen und dann aus den Wunschwerken das Kind erziehen, das sie später erschaffen wird?

Wer geschmeichelt ist von so viel Tiefe unter seinem oberflächlichen Wissen, soll sich von Freud gedemütigt fühlen?

Freuds Menschendefinition :
homo est animal rationalisans.

Mord und Selbstmord psychotherapieren
einander gern.

Lässt du bewusst unbewusst,
was du unbewusst dir bewusst machst?

Den Verstand sah Schopenhauer im Dienst des Willens und Freud im Joch der Triebe, also den Menschen klug genug, sich von seiner Dummheit besiegt zu sehen.

Deutete Freud unseren Widerstand dagegen, noch Widerstand gegen ihn zu entwickeln?

Seit das Selbstbewusstsein vom dunklen Unbewussten weiß, will es vom klaren Bewusstsein nichts mehr wissen.

Wissen macht blind für besseres Wissen, doch Unwissen nicht hellsichtig für Unbewusstes.

Tiefenpsychologen stellen probate Terminologien bereit, mit der seelisch Behinderte verbergen können, dass sie sich und uns nie verstehen.

Berechnende Logik menschlicher Beziehungen ist nicht Psychologie mathematischer Relationen.

Sophokles´ Ödipus liebte seine Frau und wusste nicht, dass sie seine Mutter war. Freuds Ödipus liebte seine Mutter und wusste nicht,
dass er sie begehrte.

Widerstand leistet ein Freud sowohl dem Widerstand des Patienten gegen seine Wahrheit als auch allem Uninteressanten, was am Patienten *nicht* Widerstand ist – also allem am Patienten?

"Vatermord" heißt heute, das "Über-Ich" abzuschaffen als "rigide" Repressalie. Dann ist mein "Ich" wieder allein(s) mit Mamas "ubw-Es".

+ + +

Schlangenfraß : Elende Verse zur Urzeit

Die falsche Schlange, die lange,
hat 'ne Zuckerstange in der Zange
und macht uns damit bange.

Die hatte gut reden
im Garten Eden,
machte den Hirten zum Bauer.
Sind wir nun schlauer?

Nun heißt es wacker ackern,
Weib und Macker rackern.
Um Besitze toben Kriege,
doch wie lange halten Siege?

Dicht an dicht und immer kranker,
dick und dicker und nie schlanker:
Nomaden hatten sich bewegt,
die Bürger werden nur bewegt
und sind dauernd aufgeregt.
Und das Füllhorn für LABORA?
Nur die *Büchse der Pandora*!

Kleines Fressen in die großen Fressen

Esse nur recht angemessen,
um Fraß zu werden,
dann frisst der Rest auf Erden
dich vollgefressen.

Oft läuft mir bei dem Hundefraß
das Wasser im Mund auseinander.

Erst kommt das Fressen,
dann die Mm-oral.
Erst kommt der Fraß
und dann der Choral.
Erst kommt das Speisen,
die Meisen auf Reisen,
dann das Diner.

Erst das Diner
und dann das Adé.

Weiterführendes vom Autor

„Martin Heidegger –
Versuch einer Psychoanalyse seines *Seyns*", 1993

„Objektivität durch Subjektivität oder umgekehrt? –
Phänomenologischer Entwurf
einer dekonstruierten Erkenntnistheorie", 1999

„Künste und Wissenschaften als verlorene Paradiese –
Essays zur Bedeutung der Kultur-Idyllen", 2000

„Der Mensch ist, was er verg-isst /
Kosmostheorie oder Gemeinschaftspraxis", 2007

„Philosophische Formelsammlung :
Ambivalente Gedankenexperimente und nachsokratische
Fragmente", Verlag Königshausen & Neumann, 2012

„Die Liebhaber der Sophie –
Philosophiegeschichte in Philosophengeschichten", 2013

„Aphorismen zur Zeitaltersweisheit –
Kopfverdreher, Kopfzerbrecher", 2014

„Ist *Philosophical Correctness* eine Kommunikations-
wissenschaft? *Versuch über moderne Versuchungen*",
2015

„Zur Dialektik und Phänomenologie
der Natur- und Kultur-Idyllen", 2015

„Esprit und Geisteswissenschaften — *Wechselwirkungen
zwischen Kunst, Philosophie und Psychologie*", 2016

„Mit einem Satz ins Freie — *Reflexionen, Urteile
und Sentenzen*", 2. überarbeitete Auflage, 2016

„Zwergrätsel, Satiren und Zwickmühlen —
Auswahl von Aphorismen", 2017

„Wenn die Seele auf den Geist geht —
Chronik der unbewussten Weltbilder", 2018

„Aphorismen, Bonmots und Reflexionen —
Neue Auswahl aus mehreren Bänden, 2019

„Originell sein heißt, Vergessenes plagiieren —
Philosophische Essays", 2019

„Angeln beruhigt — weder Fische noch Würmer", 2019

"Objektivität durch Subjektivität oder umgekehrt?"
Phänomenologischer Entwurf
einer dekonstruierten Erkenntnistheorie
ISBN 3-89811-157-1   *164 Seiten*

Diese Arbeit versucht, die klassische Disziplin der Erkenntnistheorie, welche heute in Wissenschaftstheorien
aufzugehen droht, wiederzubeleben durch Rückgriffe auf
psychoanalytische Befunde und auf die aphoristische
„Gnome" (griechisch "Erkenntnis") – die den philosophischen Mainstream unterirdisch begleiten – am phä-
nomenologischen Leitfaden von Sartre, Heidegger und
Conrad-Martius. Das Unbewusste gilt seit Freud als
missing link zwischen Leib und Seele. Die Erkenntnis-
bedingungen und -widerstände kommen nicht nur aus
Verstand oder Gegenstand, sondern auch aus leiblich
fundierten Triebkonstellationen. Dass die Erkenntnis-
und Selbsterkenntnisleistungen des menschlichen Be-
wusstseins hinterrücks oft mitbestimmt – oder systematisch verzerrt – werden durch abgewehrte Anteile der
Subjektivität, wäre für die philosophischen Erkenntnis-
theorien endlich fruchtbar zu machen, und die Aphoristiker waren immer auch de(kon)struierende Ur-Analytiker
des Unbewussten hinter rationalisierenden Bewusstseins-
fassaden.

"Nur in der Fremde fühle ich Fernweh" oder :
„Die grüne Bank am Deich" *(Idyllischer Roman)*
ISBN 3-89811-378-7   *302 Seiten*

Zwischen Gedenken und Gedanken. Ein alter und ein
junger Mann sprechen über Gott und die Welt und die
Seele, auch über Adalbert Stifter. Und sie erinnern

sich an ein Leben in Bibliotheken und im Buch der Natur, nicht in Staat und Gesellschaft. Eines Tages kommt eine junge Frau dazu, das ist fast alles. - "Von Verwicklungen und Lösungen, von Herzenskonflikten und Konflikten überhaupt, von Spannungen und Überraschungen findet sich nichts" in diesem ruhigen Roman, der das Idyll rehabilitieren will, die heute verrufenste aller Gattungen. Das ist die sozialkritische Provokation, ein noch unzeitgemäßes Plädoyer für Studierstubenhocker in kontemplativsten Elfenbeintürmen, nicht für komische Käuze im hektischen Koma.

"Künste und Wissenschaften als verlorene Paradiese
– *Essays zur Bedeutung der Kultur-Idyllen*"
ISBN 3-89811-801-0   *252 Seiten*
"Die ... Unabhängigkeit, die der eine draußen in der Welt sucht, findet der andere in dem Freistaat der Kunst und Wissenschaft." (Th. Fontane) Kultur als Selbstzweck ist der einzige Garten Eden, der jedermann jederzeit offen steht. Auch und gerade Kunstwerke anti-idyllischen Inhalts z. B. stellen oft schon kraft ihrer ästhetischen Form in sich stimmige Kultur-Idyllen dar. Überfällig wäre die methodische "Contemplation in a world of action" (Thomas Merton), also wird angeknüpft an die Traditionsbestände, welche die heute soziohistorischen Paradigmen versuchsweise ersetzen durch gründlich entkollektivierte und praxisabstinente Theorie-Kulturen. – Die reine Bildungsidylle, die nichts als kosmische Ordnungen ohne jeden Aktionsappell betrachtet, war aber wohl immer schon selbst jene Sozialutopie, von der sie historisch meist nur begraben wird.